時代劇でござる

柏田道夫 著

春陽堂書店

時代劇でござる——目次

装幀　羽山　恵
本文イラスト　石田尊司

まえがきの口上

　映画『二宮金次郎』の脚本を書きました。この映画は、通常の映画館での公開ではなく、上映設備を積んだクルマ「二宮金次郎号」で、出前みたいに全国各地の学校や公民館、ホールなどに運び地元の人に観てもらうというシステムで、地道に上映を続けています。

　そうして五十嵐匠監督が、ご自身の故郷青森で地元の中学生たちに観せたところ、思いも寄らぬ感想が多数寄せられたそうです。そのひとつが、

「新鮮だった！　生まれて初めて時代劇を観た、昔の人って、ああだったんだ」

　多少なりとも、テレビドラマや映画館などでも時代劇はやっているし、歴史の教科書にも、ちょんまげの江戸人は載っていたりするけど、リアル（かどうかはともかく）に動く、あの時代の人間たちをスマホ世代の彼らは知らない！

　そんな彼らを啓蒙し導くべく、二宮金次郎ばりに熱い思いを込めて、この本を書いたのだ！　なんて、大げさなことは実はほとんどありません。

　私は歴史の専門家、研究家ではありません。ただ、物書きという稼業をやるはめになって、たまたま好きだった時代ものの小説やら脚本で世に出たために、そういう仕事しか来なくなったというだけです。

もうひとつ本文でも触れていますが、私は脚本家を養成するシナリオ・センターというスクールで長年講師をしています。時代ものを書くためには調べなくていけないし、人にものを教えるためにも学ばなくていけません。

シナリオ・センターには、志望者向けに「シナリオ教室」という月刊誌があって、時代劇を書きたいという人のために連載（「時代劇でござる」）を受け持っていました。本書は、この連載で書いたものが元になっています。そこから、時代劇作家になりたいという人だけではなく、もっともっと間口を拡げて、時代ものをより詳しく読みたい、観たい、楽しみたい、という人向けに大幅加筆しました。「なるほど、そういうことか」と頷いてほしい、という本です。

もっと学問的であったり、歴史上の人物や事件、生活などなど、詳しく掘り下げたりした本は、図書館の棚を埋め尽くしています。そのようなありがたい専門書ではなく、幾分江戸時代に詳しくなった実作者による時代もの、江戸時代を知るための入り口みたいな読み物です。

お読みいただくと分かりますが「時代劇が好き」というありふれた動機で、それも映画、ドラマ、小説、落語といったジャンルからの引用がメインになっています。そこからの出発で、青息吐息でマゲモン作家としてなんとかやっていますので、もしかしたら「違うんじゃない」というところもあるかと思います。見つけたら教えて下さい。

ということで、あれやこれやの時代劇のイロハについての与太話を始めます。

其ノ壱

うしみつ刻ってなんどき？　～時の数え方

「時そば」を食ったのは何時？

知っているようで、実はちゃんと知らない時代劇のあれこれ。

まずは「江戸の時刻の数え方」。これは基本中の基本ですね。

江戸の人は時計なんか持っていません。

「今、何時だ？（通常は、なんどきだ？）」と、亭主がかみさんに、あるいは商家の主《あるじ》が番頭に、武家の主が使用人に聞いたとしても、空模様とか、お天道《てんとう》様のありかを見て、

「八つ頃でしょう」とか、

「さきほど六つの鐘が鳴りましたので、六つ半頃かと」

みたいな答え方しかない。それでも、別に不便じゃなく、日々を過ごしていたわけです。

思い浮かぶのは、落語の「時そば」ですね。すっとぼけた野郎が、蕎麦の代金を払いながら、途中で時を聞く。

「いくらだい？」

「へえ、一六文で」

「細けえんだ。手を出してくんねえ。ひー、ふう、みつ、よー、いつ、むー、なな、やー、今、何時だい？」

「九つで」

「とお、一一、一二、一三、一四、一五、一六……じゃあ、あばよ」

と、この一文ごまかした野郎が、屋台で蕎麦を手繰《たぐ》ったのは九つ、すなわち真夜中零時過ぎだったことになります。

で、これを横で聞いていてまねした間抜け野郎は、

「……なな、やー、今、何時だい？」

「へい、四つで」

「いつ、むー、なな……」

で余計に払ってしまう。間抜け野郎は、十時頃に（しかもまずい）蕎麦を食べて、ごまかしをやろうとして損をしてしまったという噺です。

夏の一時は一時間二十四分？

左図は、江戸時代の時の数え方を示したものです。

　今の真夜中零時と真昼の十二時を、それぞれ九つとして、午前と午後を六段階に分けて数えました。夜の九つから八つ、七つ、六つ、五つ、四つと減っていき、(三つ、二つ、一つがなくて)また昼の九つになって、八つ、七つ……となります。その一刻みが一時《いっとき》(刻)です。

　現在のような定時法ではなく不定時法でしたので、夜明け頃が明け六つ、日没頃が暮れ六つです。昼と夜の時間が同じ春分と秋分の二日だけは、昼夜十二時間を六等分ですから、一時がちょうど二時間になります。

　ですから時代劇で「一時(いっとき)」といえば約二時間と考えれ

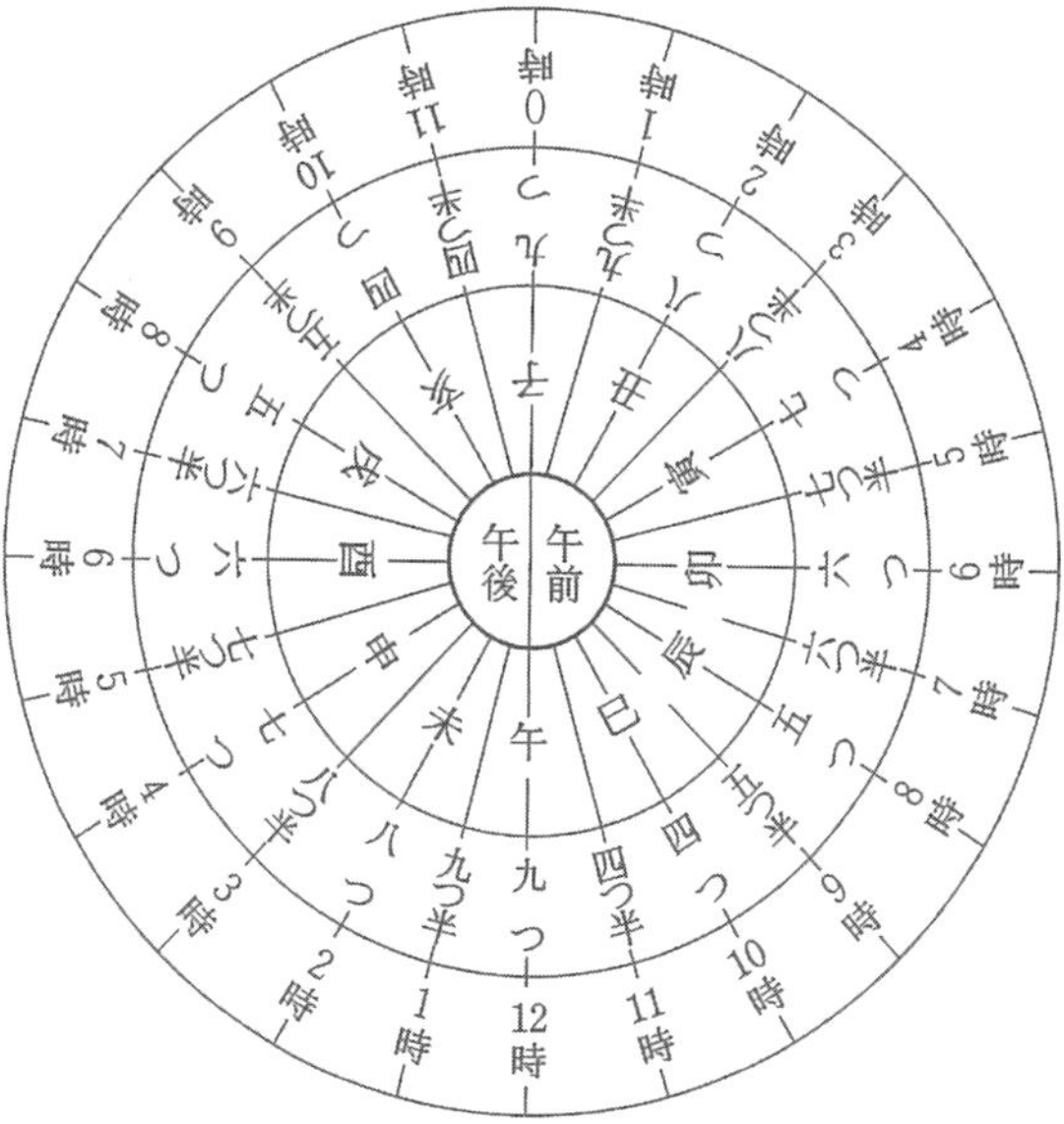

江戸時代の時刻のしくみ
(月刊「シナリオ教室」より転載)

ばいいのですが、同じ一時でも、夏と冬では長さが違ってくるんですね。夏至《げし》は一年で一番昼が長いので、昼間の一時は現在の二時間三十六分もあり、夜の一時は一時間二十四分しかないことになります。逆に冬は夜の一時が長〜い。

丑の刻参りは夜中二時に〜

そうした季節ごとの差はあるものの、一時は約二時間とカウントすると、この半分が半時で約一時間、四半時が約三十分と覚えるといいでしょう。これが最小単位ですから、十分とか五分なんていう短い数え方はない。

「昼九つに待ち合わせ」なんて約束しても、かなりアバウトだったはず。

「〽お江戸日本橋七つ立ち〜」

というのは、明け六つより二時間前くらいですから、まだ暗い朝の四時頃出発したということ。眠そうですね。

また先の図でわかるように、この十二等分を干支《えと》で数える方法もありました。子時《ねどき》が零時頃ですから、丑時《うしどき》は夜八つ、深夜の二時頃。

〝草木も眠る丑三つ時〟の三つは丑の刻を四つに分けた時の三つ目のことで、まさに真夜中という意味合いです。

「丑の刻参り」はこの時刻に神社の大木などに、恨みに思う人間を藁人形に見立て、五寸釘で……

という呪いの儀式ですね。ああ怖い。

どこでも聞こえた時の鐘

江戸の人が、どうやってこの時刻を知ったかというと、多くは江戸市中にあった時の鐘がゴーンと鳴った。それで「おっ、もう朝かい、起きようぜ」みたいなもんです。そこから長屋の朝が始まり、棒手振り《ぼてふ》りの物売りの声も聞こえてきて、おかみさんたちが朝飯を作ったり、亭主を仕事に送り出したりしました。

幕府公認の時の鐘は最初は九か所で、

①日本橋本石町　←　②上野寛永寺　←　③市ヶ谷上八幡　←　④赤坂田町成瀬寺　←　⑤芝増上寺

⑥目白不動尊 ←
⑦浅草寺 ←
⑧本所横堀 ←
⑨四谷天龍寺

の順で鳴らされていました。のちに、下大崎寿昌《じゅしょう》寺、中目黒祐天《ゆうてん》寺と巣鴨子育て稲荷が加わったということ。

これらの大本（基準）は江戸城で、不定時に対応した和時計が常備されていて、十二刻のそれぞれを「お城坊主」という役目が太鼓をドンと鳴らした。昔は江戸城も鐘だったが、騒々しいというので太鼓に替えられたそうです。

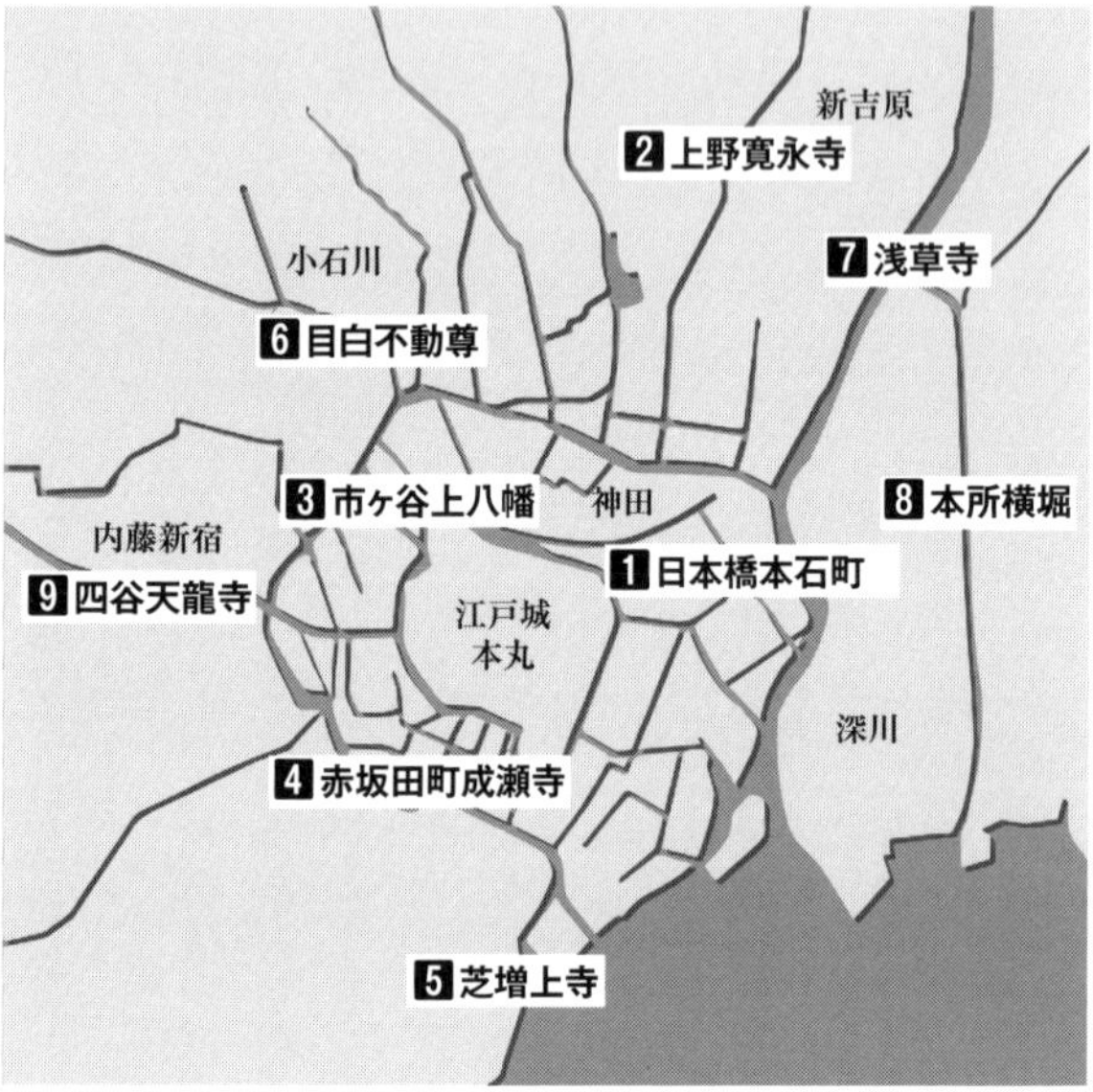

時の鐘の順序

「春の雲　鐘は上野か浅草か」

江戸の町々の「時」は、この十二の鐘で十分網羅されていました。さらにこの公認以外にも、無許可で撞《つ》いていた鐘もあったらしい。

まず捨て鐘という「これから鳴らすよ」と合図の鐘が三回鳴らされたあとで、時の数だけ撞かれていました。撞くのは「鐘役」という職で、周辺の商家やら大名屋敷からも鐘撞き料を貰っていて、かなりの金額になったらしい。加賀の百万石前田家になると、年に五両ほどにもなったというからバカにならない。ほかにも、町々の番所にいる番太郎が、拍子木を打ちながら町内を巡り、「七つでございぃ」と知らせて廻ったりもしたそうです。

芭蕉の人口に膾炙《かいしゃ》した句に〝春の雲　鐘は上野か浅草か〟がありますが、芭蕉庵のある深川だとすると、本所横堀や日本橋石町の鐘の方が近いのですが、上野や浅草の鐘が親しまれていたのかもしれません。

最後に『半七捕物帳』（岡本綺堂）の「蝶合戦」の鐘にまつわる一節を。

「八つを過ぎるころから無数の蝶の群れもだんだんに崩れ出して、鐘撞堂のゆう七つ（午前四時）がきこえる頃には、消えるように何処へか散り失せてしまった。」

其ノ弐

お正月が春なわけ　～江戸のカレンダー

暦は月の満ち欠けで

江戸の人は時計だけじゃなくて、今みたいな曜日や日にちの入ったカレンダーなんかも持っていなかった。そりゃあそうで、曜日っていうのは、明治に西洋式の太陽暦を取り入れてからの数え方。太陽暦は一年三百六十五日（四年に一度二月二十九日があって調節）ですが、江戸時代の暦はいゆわる旧暦。正確には、月の満ち欠けを基準にした太陰暦に、太陽暦の要素も合わせた「太陰太陽暦」なんですね。

毎月の一日は、新月で月は見えず、細い三日月から大きくなって、八日が上弦《じょうげん》の月で半月、十五日に満月になって、また欠けていって晦日《みそか》になってまた新月、という約三十日（実際は二十九・五日）で一巡。これが旧暦の一か月ですが、ずれが発生するので、三十日の「大の月」と、二十九日の「小の月」に分けて、暦といえばこの大か小かだけが書かれたものでした。

桜田門
イ〜ッだ!

カエルが出てくる啓蟄

さて、この「大小暦」で用が足りたのですが、月を基準にすると、一年十二か月が三百五十四日になって、太陽暦よりも十一日ほど短くなります。そこで約三十三月に一度、閏《うるう》月を設けて、一年に十三か月、三百八十五日の長い年があったりしました。これに補足して、太陽の動きを基にした「二十四節気」があって、図のような、今の天気予報とかでも告げられる、十五日刻みの立春とか啓蟄《けいちつ》とか大寒とかで、季節の変化を知ったんですね。

で、旧暦の場合は、今の暦からおおよそ一か月から二か月くらいずれます。旧暦の一月は春の訪れくらいで新年になりました。二月ですと、現代の

二十四節気
（月刊「シナリオ教室」より転載）

まさに春らんまん、三月から四月の季節感だということになります。

ただ、井伊大老が暗殺された桜田門外の変は、安政七（一八六〇）年三月三日で、雛祭の日ながら大雪が降りました。これは新暦に換算すると、彼岸を過ぎた三月二十八日だそうで、かなり異常気象だったわけです。拙著の掌編小説集『しぐれ茶漬　武士の料理帖』（光文社時代小説文庫）でまさにこの日の話とした「すき焼き」を書きました。

のちに三代目の中村仲蔵を襲名した中村鶴蔵《つるぞう》が、井伊暗殺の顚末を目撃したことを自伝に書いていたという記述から、彼の下男が、井伊家の行列が落としていった（かもしれない）熨斗《のし》付きの牛肉の味噌漬けをネコババしてしまった。実は井伊直弼の落とされた首が、一時所在不明になったというのは有名な逸話で、山田風太郎も小説にしています。一方、井伊藩が贈答品として、将軍家や大名家に（当時はまず食べる風習のない）牛肉を送っていたというのも事実で、首ならぬ牛肉の（それも井伊直弼が水戸列侯様に贈ろうとしていた）塊が落ちていたら……というところから、当時生きていた著名人がその夜に牛鍋にして食った、というホラ話です。

ともあれ、この大事件は、季節外れの雪が降るお雛祭の日でした。

「人形佐七」は羽子板娘の連続殺人

正月は「初日の出」を拝むために、江戸ならば、深川の州崎（現在の木場、東陽あたり）や、湯島、芝浦、愛宕《あたご》山、御殿山などに出掛けて行きました。萬歳や獅子舞、太神楽、鳥追いらが家々を廻る。二日の夜に吉兆の「初夢」を見るために、宝船の絵を求めて枕に敷いて寝ました。悪い夢を見てしまったら、翌朝に宝船の絵を川に流したそうです。

二日頃から七草くらいまで年始廻り。魚河岸の初売りが始まり、商店でも初荷。手習い師匠のところで書き初めといった具合です。吉原でも花魁《おいらん》が美しさに磨きをかけて、一同を引き連れて引手茶屋を年始に廻り、後ろから禿《かむろ》が大羽子板を担いで従いました。

庶民はのんびりとお正月を過ごしましたが、武士は結構忙しい。元旦は御三家と譜代大名は正装で登城し、将軍様に新年のご挨拶、二日は外様大名やら旗本が登城しました。

今ではなくなってしまった風習としては、一月とお盆の十六日前後に商家の奉公人が休みをもらって親元に戻る「藪入り」。江戸時代（というより昭和初期まで）の奉公人は、一年でもこの二回しか休みがもらえなかった。

横溝正史の『人形佐七捕物帳』の記念すべき第一作は「羽子板娘」。その書き出しは、

「七草をすぎると、江戸の正月もだいぶ改まってくる。辻々をまわって歩く越後獅子、三河万歳もしだいに影をけして、ついこのあいだ、赤い顔をしてふらふらと、廻礼にあるいていたお店の番頭さんが、きのうにかわるめくら縞のふだん着に、紺の前掛けも堅気らしゅう取りすました顔もおかしく、注連《しめ》飾り、門松に正月のなごりはまだ漂うているものの、世間はすっかり落ち着いてくる。」

という正月風景でした。ここから血も凍る羽子板絵の娘たちが殺される事件が起きて、岡っ引の佐七が活躍します。

「目に青葉　山ほととぎす　夏鰹」

二月は初午。江戸にたくさんあった稲荷社や、武家屋敷内にあった稲荷も、この日は門を開けて一般の参詣を許して、茶菓や甘酒を振る舞った。

さて春の楽しみは何といっても「花見」。開花の便りが届くと、桜の名所にお弁当やお酒を持って、ドッと繰り出していきました。

三月三日は今も変わらぬ女の子の節句の「雛祭」ですが、江戸らしさというと、美しい雛人形を売る雛市が江戸の街のあちこちに立ちました。特に日本橋十軒店《じっけんだな》（今の日本橋室町）や人形町の雛市は、艶やかで賑やかで、これもまた春らしい江戸の風物詩。

夏の訪れを告げたのが「初鰹」。江戸の人は季節ごとの初物を珍重したのですが、特に陰暦四月上旬頃に獲れる鰹をありがたがった。江ノ島沖あたりが主な産地で、わざわざ品川沖まで船を出して求めたとか。

「目に青葉　山ほととぎす　夏鰹」が過ぎると、五月雨降る梅雨です。今の五月は爽やかな初夏ですが、旧暦では雨の季節で、だからたまの五月晴が心地よかったんですね。

五月五日は端午の節句。男の子の成長を祝って、幟《のぼり》を立て、兜人形を飾り、邪気を払うという菖《しょう》蒲《ぶ》湯に入ったりしました。本格的な夏を告げたのは、五月二十八日の両国川開き。次々と上がる花火に「玉や、鍵や」と声を合わせ、大いに賑わいました。

情緒あふれる観音様の四万六千日

今ではなくなってしまった行事では、六月一日の富士参り。江戸の町はたいていのところから富士山が見え、江戸っ子は富士山を崇めました。六月は夏祭の季節。江戸では天王祭、山王祭、といった大きな祭で盛り上がりました。

七月七日は各家で行われる七夕。江戸の空は五彩の短冊で飾られた竹で被われました。七夕同様に情緒のある祭が「四万六千日」。浅草観音などにこの日お参りすると、四万六千日分の参拝に当たるとされ賑わいました。現在のほおずき市はこの名残です。このあとは盂蘭盆会《うらぼんえ》。どの家でも霊棚を設け、十三日の夜は御先祖様の霊のために迎え火を、十六日には送り火を焚きました。

八月は旧暦では秋。十五日は中秋の名月で、家族揃って団子をこしらえて盆のような月を愛でました。今はすたれた行事としては、八月の放生会《ほうじょうえ》。捕らえられた魚や鳥を功徳のために放してやる。川筋で放生のための鯉や亀を売る商売人も現れたりしました。

九月は重陽《ちょうよう》の節句、芝神明の長く続くだらだら祭、最後を飾る神田明神祭で締めくくり、そろそろ冬を迎える準備。十一月一日、芝居町では、顔見世狂言で歌舞伎の幕が上がり、江戸っ子は「待ってました!」と、贔屓《ひいき》の役者を見るために繰り出していきました。

そして今も残る酉の市や七五三を経て、年の終わりと新年を迎えるための忙しい師走。十三日は江戸城と合わせて商家でも煤払い。歳の市が立ち、餅搗きがあって、大晦日の除夜の鐘で一年を終えました。

其ノ参

千両箱はどれだけ重い？　〜お金の数え方

「越後屋、お主もワルよの」

時代劇ではお金の数え方とかもややこしい。

ドラマとか映画の時代劇で出てくるのは、穴の空いた丸い小銭か黄金色に輝く小判で、稀に金色やら銅色の四角い粒の銭とか。穴あき銭が小銭で、小判は大金というのは分かるのですが、どのくらいかがよく分からない。場面でいうと、菓子折の中は山吹色の小判で、「越後屋、お主もワルよの」みたいなのとか、江戸娘が財布を拾ったら、小判や四角い小粒金がじゃらじゃら入っていて、まあ大変、といったシーンはちょくちょくお目にかかりますね。

その前に知っておきたいのは、江戸時代の貨幣は金、銀、銭の三貨に分かれていて、江戸は金、上方は銀、銭は両方で使われていました。その上、例えば今我々が使っている円でも、昭和初期と後期では価値が違います。江戸時代は何せ長いので、時代ごとでも上がったり下がったりしています。

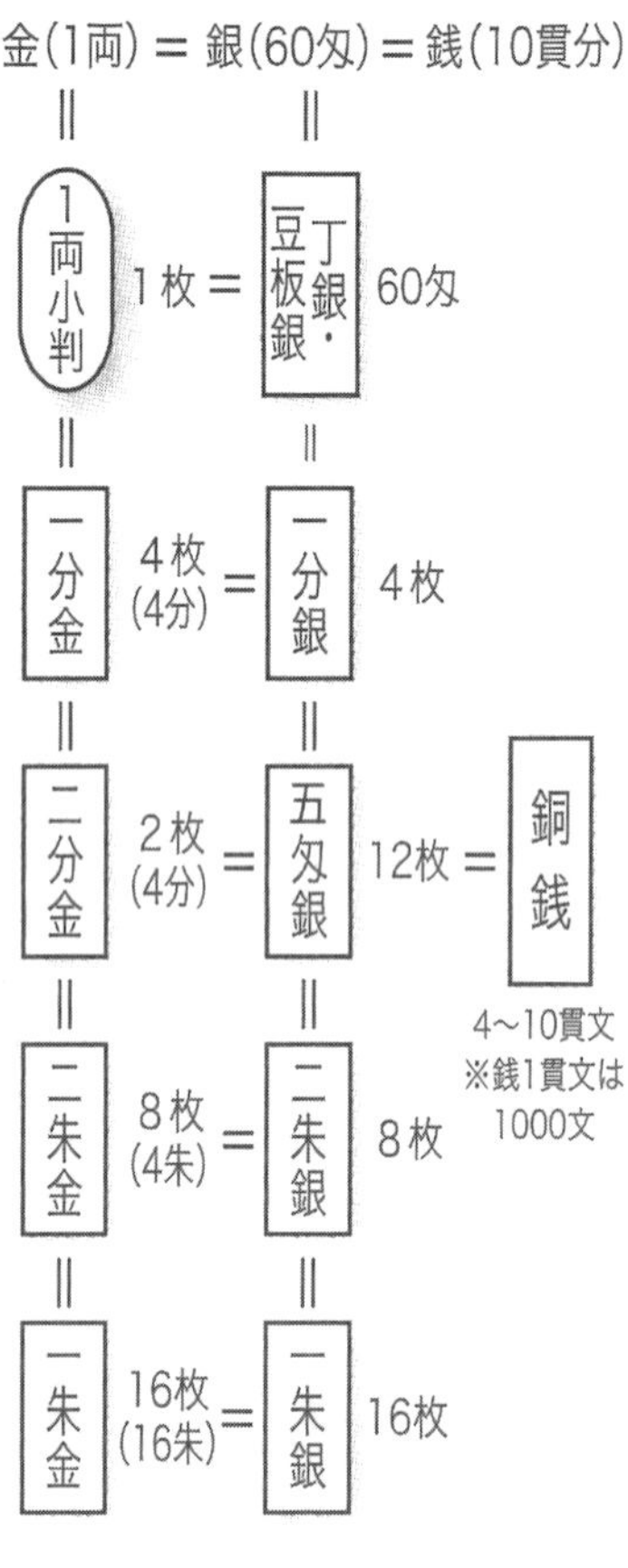

慶応年間の貨幣の換算率
（月刊「シナリオ教室」より転載）

江戸初期に「金一両＝銀五〇匁（元禄以降は六〇匁）＝銭四〇〇〇文」というレートを定めたのですが、幕末期では一両は銭六〇〇〇～一万文くらいになっています。金の場合、図のように四進法で数えますので、一分が四枚で一両、一朱だと十六枚で一両に相当します。

「富くじ」一等の千両は一億円？

一章で紹介した落語の「時そば」は、一六文の蕎麦代をごまかす話です。やや乱暴な換算ですが、穴あき銭の一文が今の二〇円くらいとすると、かけ蕎麦一杯が三二〇円になります。六〇〇〇

あ・ムリムリ
重過ぎる
腰が……
もうダメ……
?!

文が一両小判になりますから、一二万円くらいになる。つまり一両小判は（時代によって多少違いますが）一〇～二〇万円くらいと思っていいでしょう。大金も大金です。同じく落語で「文七元結」では、娘を吉原に奉公（つまり遊女にするために）に出して貰った支度金が五〇両ですが、これは五〇〇～一〇〇〇万円くらいになるわけです。ちなみに、〝切り餅〟とされた小判は二十五両でひと包み。これが四〇個だと一〇〇〇両。時代によって違うのですが、千両箱ひとつで一億円以上の価値です。落語の「富くじ」の一等がまさに一〇〇〇両ですから、一億円宝くじなわけ。これが当たったら確かに生活が変わります。

時代劇で盗人（鼠小僧とか）が千両箱を担いで、ひょいひょいと屋根を歩いて、というのは嘘で、千両箱は箱の重さも加えると二〇キロは優に超える重さだったとか。重さからして大金でした。

持てなかった「宵越しの銭」

「宵越しの銭は持たねえ」っていうのが江戸っ子の見栄と心意気で、入ってきたお金はその日のうちに使ってしまった。実は貯金なんてする余裕もなかったし、お米代や酒代、油代なんかはツケにして、まとまったお金が入ったら払うという習慣でした。ないなりになんとか暮らしていける社会だったようです。

実際に江戸っ子はいくらあれば生活できたのか？　ちょうど江戸の中期、文政時代（一八一八～三一）に、大工、左官、鳶《とび》といった職人の手間賃が銀で三～五匁、銭に換算すると三二四～五四〇文だったということです。一文を二〇円とすると、五〇〇文＝一万円ということになります。月に二十日働くとすると月収二〇万円くらいで、少ないなあ、と思いますね。ただ、当時の裏長屋の家賃は月に八〇〇～一〇〇〇文くらいですから、日給の二日分という安さです。もっと安普請《やすぶしん》の棟割《むねわり》長屋となると店賃《たなちん》せいぜい五〇〇文くらい。ここに住む住民は低所得者ばかりで、一か月分をまとめて払えずに、八～一〇文を日払いする人も少なくなく、もちろん何か月もため込んで、という店子もたくさんいたようです。

芝居小屋で食べると高い鰻丼

屋台の蕎麦一杯が一六文というのは述べましたが、文政年間に長屋に売りにきた納豆は四文くらいでした。納豆を小さく叩いて菜や豆腐、薬味を添えた「たたき納豆」となると八文。豆腐自体は納豆に比べて高く、一丁五〇～六〇文前後。ただしこれを半丁とか四分の一に切って売ったとか。今売られている豆腐の大きさが、この四分の一に切ったのと同じくらいでしたので、大所帯じゃなければ一丁は買いませんでした。

鶏卵はわりと高価で一個二〇文、小松菜や水菜といった季節ごとで売られた菜売りは三、四文でした。銭湯代は大人で八～一〇文くらいでしたので、なんとか暮らせていけたわけです。物価は食べ物でイメージすると分かりやすいですね。

江戸っ子が大好きだった鰻。江戸も中期の文化年間（一八〇四～一八）に、芝居を見ながら食べられる鰻丼が発明されたとか。当時の値段は、一杯一〇〇文で、以後値上がりし幕末の慶応年間だと三～四〇〇文くらいだったとか。一文＝二〇円で計算すると、六〇〇〇～八〇〇〇円ですから結構贅沢です。芝居小屋で食べる鰻丼よりも前に、蒲焼きにして食べる店はもっと前からあって、今でいう鰻重は、やはり文化年間に流行したといいます。この鰻の蒲焼きは、露天で売るものから高級店まであったようで、一番安い露天だと一串一六文（安い！）。だけれど高級店だと一皿二〇〇文もしたとか。鰻そのもののよしあしだけでなく、焼き方やたれの工夫などで値段が違ったようです。

お米がサラリーの基準

武士、お侍は今でいう公務員やサラリーマンですが、これもピンキリだし、どのくらいの給料を貰っていたかが分かりにくい。

家に対する俸禄（家禄）で、ほとんど世襲でしたが、例えば、五〇〇石取りといった「知行《ちぎょう》取り」と、三〇俵二人扶持《ふち》というような「蔵米《くらまい》取り」がありました。知行取りは、それだけの米の収穫のある土地を拝領するという意味で、五〇〇石はおよそ五〇〇俵の収入。蔵米取の三〇俵二人扶持は、年間に三〇俵分プラス二人分の一日米一〇合分が支払われるという意味。このお米でもらう分を、札差と呼ばれる業者を介して現金に換えていました。

一〇〇〇石の旗本は、上級武士になりますが、天保年間（一八三〇～四四）の年間収入に換算すると、およそ四六〇両とのこと。一両二〇万円としても、年収一〇〇〇万円に満たないことになりますが、当時の物価から考えるとやはり高給取りとみていい。それでも大きな屋敷（通常は拝領屋敷で、幕府とか藩とかから与えられているので家賃は払わない）の管理費や人件費、生活費でほとんど年収分を使い切っていて、財政は火の車だったということです。

『武士の家計簿』の家計の中身

こうした武家のサラリーがどのくらいで、どういう暮らしだったのか？

それを具体的な姿として見せてくれたのが、磯田道史著『武士の家計簿』（新潮新書）でした。

磯田先生が、古本屋に出ていた加賀藩の下級武士の算用方が、三代にわたり綿密につけていた入払帳（家計簿）を手に入れ、お金の出入りを綿密に分析した画期的な歴史書です。

算用方というのは、今でいう会計係ですから、そこには細かく正確にお金の出入りが記されていて、標準的な武家の生活ぶりが見えてきた。これを元に映画にしようという企画が生まれ、数字とか経済にまるで疎い私が脚本にすることになりました。でも、磯田先生の分析に「なるほど！」と頷きながら、幕末から明治にかけての激動の時代を生き抜いた一家の物語としました。それもお金は無視できませんので、できるだけ分かりやすく描くことを心がけました。

猪山家の借金二五〇〇〇万円？

主人公の猪山《いのやま》直之（堺雅人）は、武士でありながら自分の家の詳細な入払帳（家計簿）をつけたのですが、息子の直吉にスパルタ教育を施します。エピソードとして創作して加えたのですが、直之は幼い息子に生活費の出入りを帳面につけるように命じます。直吉は棒手《ぼて》振りという行商人から野菜やどじょうを買って、それを帳面につけて、お金の価値、数え方を覚えていきます。ある時、四文銭を紛失してしまい、父から「捜せ」と命じられます。雨の中、泣きながら捜しますが見つかりません。たった四文（先の換算だと一〇〇円未満なのですが）でも数字が合わないことは算用者の家に生まれた者として許されません。

さて、この猪山家のサラリーはどのくらいだったのか？

中村雅俊さん扮する七代目の信之の代で、猪山家は七〇石取りの知行取りに出世した。主人公の直之は、十八歳で正式に召し抱えられて、切米四〇俵の一人前の御算用者になります。父と子の二人合わせた猪山家の年収は、銀三貫目になりました。磯田先生の換算によると、今の感覚で親子二人合わせて年収一二〇〇万前後ではなかったかとのこと。加賀藩の下級武士ながら、まあつつがなく暮らせる給料を貰っていたことになります。ただし、信之は出世と引き替えに借金をし、その金額は、猪山家の年収の二倍に膨らんでいきます。こうなると大変です。武家の火の車の財政事情が何となくお分かりでしょうか。

其ノ四

あちこち歩こう江戸散歩　～切絵図と長屋

江戸城天守は幻の城

江戸ものを読むにしても、書くにしても、知っておかなくてはいけないのが「時の数え方」「暦のとらえ方」そして「お金の単位、数え方」とくると、次は「地理・場所」すなわち「地図の見方」でしょう。

当たり前ですが地方は地方で、その土地の成り立ちや歴史があって今に至っています。ここで語るのは、時代もので一番多く出てくる大都会江戸の地理と地図の見方、続いて庶民の住まい、長屋について。

徳川家康が江戸を政治経済の本拠地と決めてから、箱根の先のど田舎の平野はアッという間に開発され、十八世紀には人口八百万を超える世界有数の大都市になりました。江戸は大火事にたびたび見舞われ、そのつど町の姿も大きく変わるのですが、この町を地図にしたものが「江戸図」と呼ばれるものです。これも当然、家康が江戸の町を拓いた頃と、赤穂浪士が討ち入りをした元禄期、さらに爛熟の文化文政から幕末にかけてで、かなり違ってきます。

特に江戸初期だと、明暦以前と以後でかなり町並みが違いました。明暦の大火は明暦三（一六五七）年一月十八日から始まった火事で、江戸城の天守から周辺の大名屋敷、市街地の大半を消失。なにしろ関ヶ原の合戦からまだ六十年弱での大火ですから、江戸も江戸城を中心にようやく町並みが整ってきたのに、という思いだったでしょう。

そこで新たに都市計画を練り直し、武家屋敷や大名屋敷、寺社が移転したり、それまで隅田川に架かっていたのは千住大橋だけだったのが、両国橋や永代橋を架橋、深川などに市街地が作られました。実は、江戸城もそれ以後、天守は建てられませんでした。

王子から日本橋まで一里三十丁？

さて明暦の頃や将軍吉宗治世下の享保年間（一七一六〜三六）の江戸図は残っているのですが、江戸城を中心とした大きな一枚図で、かなりアバウト。

例えば「享保江戸図」は、縦一四五センチ×横一七一センチという大きさ。左上は目黒（小さく「祐天寺」の絵とか「中目黒村」と書いてある）で、左下が品川沖の海とか方位図。右上は「中山道の板橋宿」という文字だけポツリと書かれていて、四角く囲って「護国寺」や「鬼子母神」の絵もある。その四角の周囲は田とか畑ばかりで、パラパラと大名屋敷の紋所。

ここで興味深いのは、王子の稲荷の森と飛鳥山が描かれていて、「日本橋ヨリ一里三十丁」（約

天守閣の御再建の準備が、整いましてございます…
もう..
い〜らっない！

四キロ＋三〇〇〇メートル）と書かれています。日本橋から王子だと、直線距離にしてもその倍はあるのですが……。

右下は隅田川を挟んで、浅草寺のある西岸と東岸。浅草寺の入り口の門の前が「ヒロカウシ」（広小路）で、明暦の大火後に火事避けで作られたことが分かります。これはこれでプチ地図マニアの私も何時間でも眺めていられるのですが、これを持って江戸散歩はとてもできそうもありません。

切絵図が読めれば一人前

それに比べて、グッと見やすくて楽しめるのは「切絵図」ですね。小説を読みながらも、側に置いて「おっ、本所の相生町か、この町に住んでるんだ。両国橋まですぐじゃないか！」みたいに使えます。本物の江戸好き

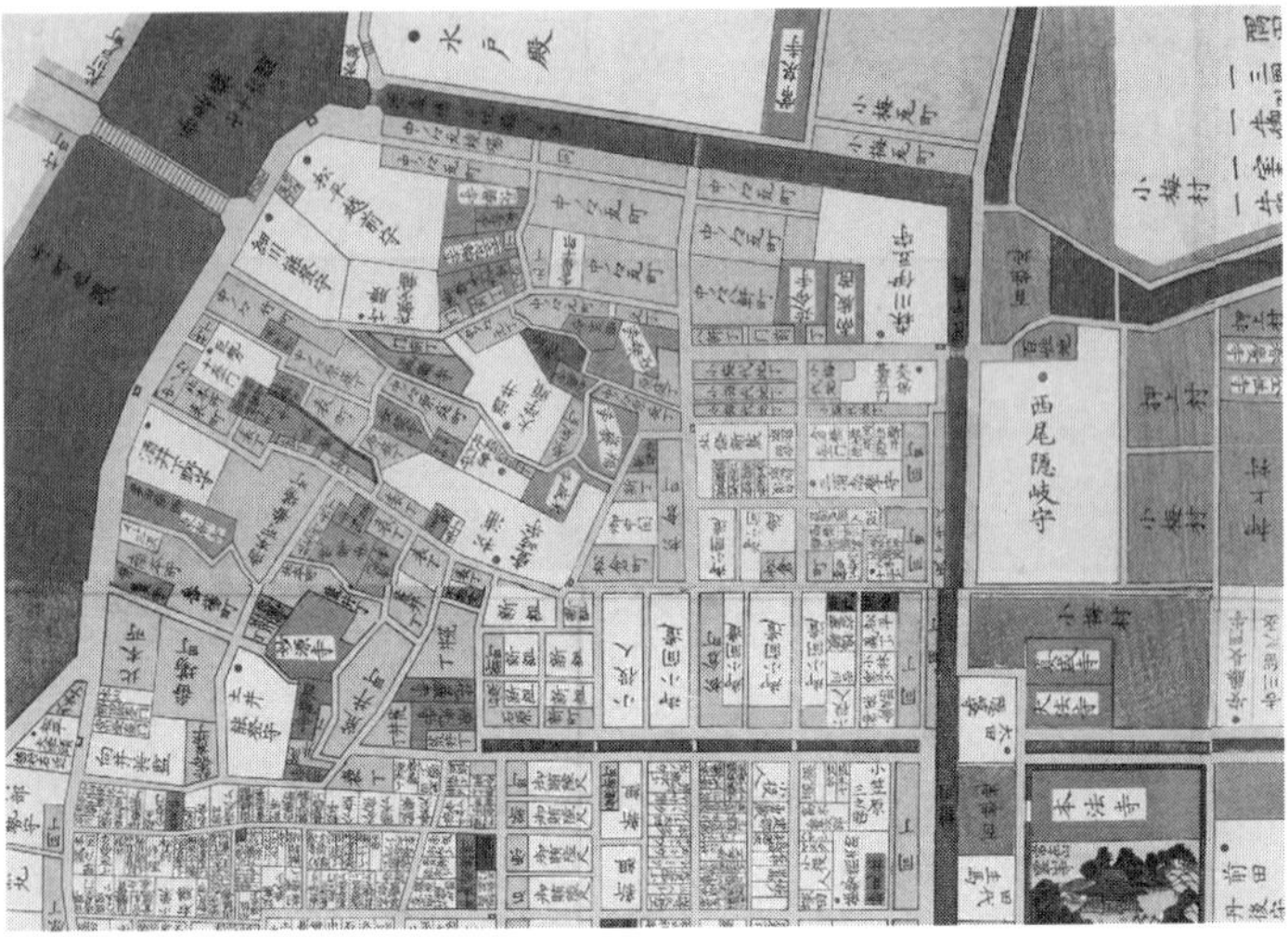

江戸本所切絵図（国立国会図書館デジタルコレクションより）

ならば必携ですし、もっと好きな人、達人になると切絵図を片手に、実際に東京のあちこちを歩いて江戸の名残を探してみたり。

江戸も後期になると、色刷りの折り畳み式、コンパクトで携帯できる切絵図も盛んに出版されるようになりました。

本屋さんに行くと、当時の切絵図をより見やすくした江戸図が出されています。現在の町と対応したものや、広重の名所江戸百景と合わせたものなど、眺めているだけでも楽しめます。ただし初心者には、この切絵図を使いこなすには、多少の経験（慣れ）が必要かもしれません。何せ、今の地図みたいに北が上になっておらずに、江戸城を中心に時計回りに並べられていて、「ええっと、下谷絵図のこっちと小石川谷中本郷がこう繋がっているのか」なんて、私のような方向音痴にはなかなか摑めずに、パズルを解いているような気がしました。

広大な大名敷地とびっしり庶民地

改めて、色刷りの切絵図の基礎知識ですが、名前の入っている白い敷地のところと、グレーの町名だけのところに大別されます。赤は寺社地です。緑は村地や田んぼ、畑。

幕府は地方大名に参勤交代を命じ、大名の妻子の江戸在住を義務づけました。このために江戸城を取り囲むように大名の上、中、下屋敷、さらに直参旗本たちが住む屋敷が建てられました。「切絵図」の主な用途は、江戸土産と、こうした屋敷への訪問や売り込み、付け届けといったことだったといわれていて、それで各家の名前が記されています。それ以外の江戸庶民が住んでいた町人地が、グレーな地域です。ここに小さな家や長屋がびっしりと軒を連ねていました。

江戸の人口は時代で違いますし、出入りが激しかったので分かりにくいのですが、参勤交代で来た地方のお侍から旗本、御家人、家臣、中間小者といわれる人たちの数と、町人たちが同程度だったといわれています。ですが、その半数の町人が住む土地は、江戸の一六パーセント程度だったといいますから、町人地は超過密でした。

江戸の集合住宅の長屋

ところで江戸時代の話は、お侍を主人公とする「武家もの」と、町人たちの世界を描く「市井もの」とに大きく分けられます。

市井もので欠かせないのが、町人である主人公たちが住む長屋です。もちろん町人のすべてが長屋住まいではなく、金持ちならば庭付きのお屋敷や一戸建て、粋人ならば根岸あたりの別荘的な侘び住まいという人もいたでしょう。けれども多くの庶民、江戸の町人はわずかな土地に押し込められるように暮らしていましたので、いわゆる長屋住まいでした。落語や時代劇ではおなじみの江戸庶民の集合住宅ですね。

長屋には表店《おもてたな》と裏店がありました。店《たな》といった場合は家を指します。表店は文字通り表通りに面した長屋で、ほとんどが店舗を兼ねていました。八百屋、魚屋、髪結床、豆腐屋、飲み屋といった商店だったり、表具屋、染め物屋といった職人の仕事場兼店舗で、この表店は入るための権利料に加えて家賃も高く、そうした店を構えられることは出世のあかしでした。

助け合いの裏長屋

落語でおなじみなのは裏店と呼ばれる裏長屋ですね。一番多かったのは、間口九尺（約二・七メートル）に奥行き二間（約三・六メートル）のいわゆる九尺二間で、今でいうとほぼ六畳間くらいの広さです。基本は平屋ですが二階建てもありました。

棟割《むねわり》長屋は、九尺二間を背中合わせにくっつけた一番の安普請。隣の音なんて筒抜けです。六畳空間といっても、入り口の腰高障子を開けると、一畳半分の土間で、そこに竈《かまど》と流しがあって、水瓶や桶などが置かれていました。ここで草履や下駄を脱いで、住民が過ごす空間は残りの四畳半一間。押入があるのはいい方で、多くは蒲

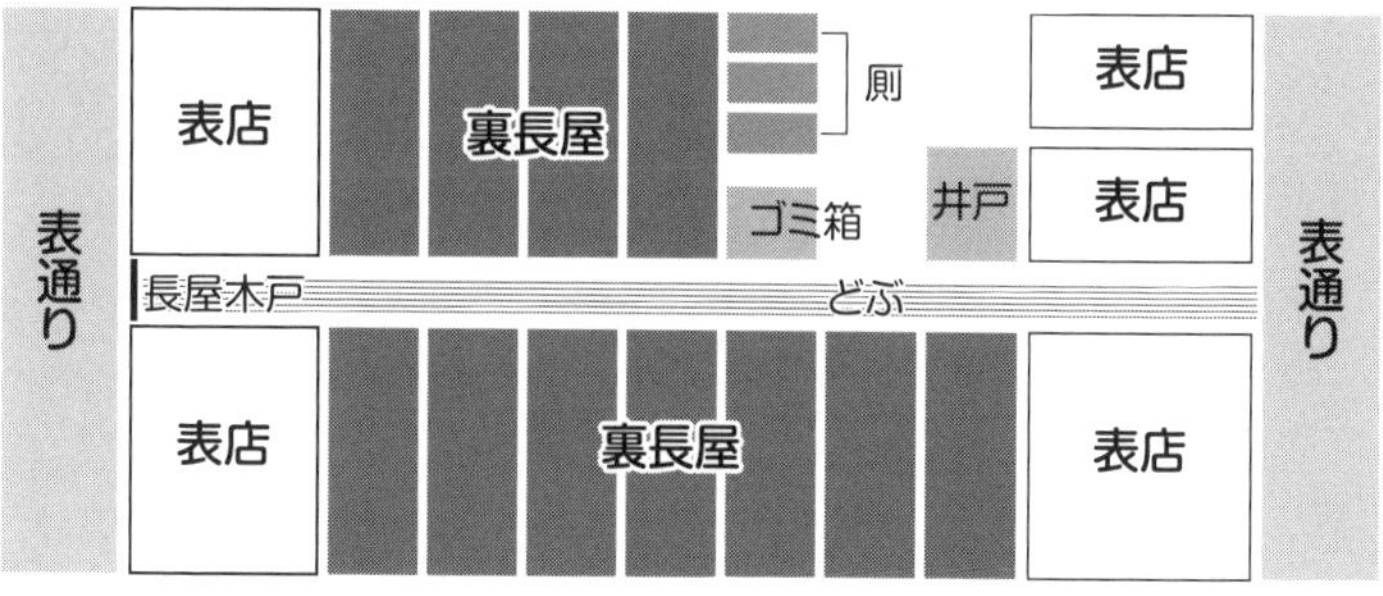

長屋見取り図（『大江戸くらし図鑑』（洋泉社）図版参考）

団や着物などを部屋の隅に積むか、棚の上などに乗っけていました。他は照明用具の行燈《あんどん》、日々使う食器類、それぞれの商売道具、神棚に仏壇といった程度で、実に質素な暮らしでした。もちろん厠《かわや》=便所（関西では「雪隠《せっちん》」、関東では「後架《こうか》」）や井戸は共同。実際に時代劇で描かれるように、まさに井戸端でおかみさんたちが、たらいを出して洗濯しながらよもやま話に花を咲かせました。

この長屋を管理したのが〝大家といえば親も同然〟の大家さん。ただこの大家はほとんどが、地主ではなく、借家人の管理を地主から請け負って行う管理人的な人でした。

店賃を集めた手数料の他、大きな収入となったのが、借家人たちの屎尿です。これを下肥として近郊の農家に売りました。住民一人あたり一年で米一斗ほどの値になったといいますからバカにできません。江戸の裏長屋の住民は貧しいながらも、無駄なく日々の生活を送ったんです。

其ノ五

長屋のおかみさん、大奮闘
～庶民の暮らしぶり

早起きの江戸っ子

江戸町民、庶民が住んでいた裏長屋。おおよその構造、見取り図などは前章でご紹介しましたが、そこで庶民、町人はどんな暮らしぶりだったのか、再現してみましょう。

長屋の朝は早く、明け六つ（午前五～六時）の鐘が鳴ると、主婦であるおかみさんは起きて、顔を洗って房楊枝で歯を磨いて、朝餉《あさげ》の支度を始めました。亭主が大工さんなどの出職ならば朝五つ（七～八時）には仕事場に出向きますので、竈で火をおこして飯を炊いて、味噌汁を用意しました。

ちょうどその頃に、食材を両天秤で担いで売りに来るのが棒手振りです。当時は漬け物や味噌、醤油、米といった食品以外は保存が利きませんので、その日に食べる分だけを、こうした商人から求めました。アサリやシジミ、ドジョウ売り、納豆売り、豆腐に油揚げ、季節の野菜を売る青物売り、煮豆売りなどです。酒屋や米屋、魚屋のような表店にも買いに行ったりしましたが、主に一文商いといわれるこうした物売りが安くて便利でした。

長屋が目覚めるよりも前に、活況を呈していたのが魚河岸やら、やっちゃ場と呼ばれた青物市場。特に江戸は、日本橋北詰の魚河岸は、朝の商いだけで千両も金が落ちたといわれました。房総や伊豆あたりから、獲れたての鮮魚が運ばれると、夜明け前には取り引きされ、魚屋さんが仕入れてそのまま売りに廻りました。

朝が早いのは表店の商家も同じで、明け六つの鐘が鳴る頃には、丁稚小僧たちは部屋の掃除から店先の掃除と済ませていて、暖簾を出して開店です。

十歳から始まる花嫁修業

働き者のおかみさんは、朝ご飯を亭主や子どもに食べさせて、仕事や寺子屋に送り出します。そうそう、落語の「芝浜」は、長屋のおかみさんが、酒を呑むと仕事を休んじゃう亭主、魚屋の金さんを早朝にたたき起こして、魚の仕入れに出したはいいが、時を間違えてまだ夜中。気が付いた金さん、仕方がなくて芝の浜に行き、革財布を拾ったことで……という噺でしたね。こんなふうに亭主たちを送り出したおかみさんは、井戸端会議をしながら洗濯です。それから裁縫や内職に精を出しました。

朝っぱらから賑わっていたのは「湯屋」と呼ばれた銭湯です。朝帰りの若旦那や、ご隠居、子どもを連れたおとっつあんなどなど、式亭三馬の『浮世風呂』にも、「裸になれば誰が誰でも同じだ」と書かれています。

じゃあ金!
返せ!!

午前中から始まった寺子屋で、子どもたちが手習い、算術、漢文の素読、女の子には裁縫を習わせます。寺子屋通いは男女とも六、七歳くらいから。手習いのお師匠さんというと、時代劇ではもっぱら浪人者ですが、僧侶や教養のある隠居さんなどもいました。寺子屋で読み書き算盤を習った貧乏長屋の住民たち、本当に貧しい家の子だと十歳くらいになると、女の子は子守や下女奉公、男の子は丁稚奉公や職人の弟子入りをしたり。

そこそこ暮らしに余裕のある家の女の子は、縁談の話の出る十四、五歳まで、手習いや三味線、踊り、お花といった習い事に熱心でした。そうしたことに秀でていると、御殿奉公や商家勤めに有利で、さらにはそこから玉の輿といった道も拓けたからです。落語ですと「八五郎出世」のように、妹がお殿様の子を産んだことから、兄の八五郎がお屋敷に呼ばれて大騒ぎして、という噺がありますね。でも、そんな玉の輿はめったにない。大体は庶民同士で所帯を持って長屋暮らしでした。

「たらいの中で鯵を呼ぶ」

お昼に子どもが帰ってくると一緒に朝の残りで昼食。弁当を持たせたこともありました。子どもが寺子屋から帰ってくるのが八つ（午後二～三時）頃で、小腹を満たすおやつを与えました。亭主が仕事から帰ってくると夕餉《ゆうげ》の支度。また棒手振りが魚や野菜、惣菜を売りに現れます。特に夕河岸と呼ばれた魚河岸では、コハダや鯵が陸揚げされ、棒手振りが売りにきました。鯵は手頃な魚で

「夕鯵《ゆうあじ》」と呼ばれて好まれました。江戸では朝に一日分のご飯を炊いて、それを夜までに食べ、上方では主に夜に炊いて、残りを翌日の朝や昼に片づけました。

夕餉の前に亭主は子どもを連れて湯屋に行き、一日の汚れを落としました。女湯はむしろ昼過ぎが賑わいました。式亭三馬の『浮世風呂』では、芸者や常磐津《ときわづ》のお師匠さん、茶屋女、それから囲い者といったいろいろと働く女たち、さらにはおかみさんたちで混んだということ。夏は行水で済ませることも多かったようです。

〝暑いことたらいの中で鯵をよび〟

という川柳は、夏の行水時に夕鯵を求めるおかみさんの姿です。

子どもたちが遊びにうつつを抜かすのも、昼過ぎから夕方あたり。鬼ごっこに隠れん坊、独楽や凧など熱中して帰りが遅れて叱られる、というのも昔も同じ。

行燈も江戸の情緒

長屋では夜はなるべく早くに寝ます。なぜなら明かりに使う油代がもったいないから。時代劇の夜の場面で、蠟燭の明かりで本を読んだり、密談したりしますが、これはかなりのお金持ちです。

庶民が使うのはもっぱら行燈ですが、中は蠟燭ではなく小皿に油が入っていて、灯心が浸してあって、これに火がついていました。そこで使われる油も菜種油は高級品の方で、一番安いのはイワシなどの魚油でした。これは臭くて明るさもなく、使いづらかったようです。こうして長屋の明かりはひとつ消え、二つ消えて、早い朝に備えて住民たちは、眠りについていきます。

ところで、江戸の明かりは多様で、提灯《ちょうちん》ひとつとっても、大きな高張《たかはり》提灯に、携帯できる箱提灯、弓張提灯、ブラ提灯、馬上提灯、小田原提灯など。携帯用だと雪洞《ぼんぼり》や網行燈もありました。

江戸の明かりということでは拙著『面影橋まで』（光文社時代小説文庫）に収められた「深川堀割あかり絵灯籠」をぜひ。行燈や提灯だけでなく、江戸は入り口の障子も明かりを利用した看板になっていました。この明かりの風景を活かした純愛物語です。

宵っ張りの江戸っ子もいるぜ

江戸の夜は暗かったのですが、それゆえに辻々に備えられ、一晩中灯されていた辻行燈や灯籠の明かり、さらには表通りの商家の掛行燈や高張提灯が、道行く人の目印になりました。

夜は夜とて賑わいもありました。特に夏は両国の川開き以降の花火には、隅田川に明かりを掲げた屋形船や屋根舟がどっと繰り出されました。大通りには縁日が出て、夜更けまで賑わいました。

江戸後期となると、女の外出も珍しくなく浴衣姿の娘たちもそぞろ歩き。とはいうものの、一番賑わったのは吉原や岡場所。吉原に続く日本堤の土手は男たちで大賑わい。暮れ六つの鐘が鳴ると、明かりが煌々と灯されて、花魁道中や張見世《はりみせ》に遊女たちがずらりと並び、顔見世が始まります。こちらの夜は眠らない。

三下半は誰が叩きつけた？

さて、長屋住まいの庶民の結婚は、好いた惚れたとか、町内や長屋の縁談だと、手鍋下げて所帯ができて、大家が人別帳に夫婦の名前を書き入れ、町役人に届ければ夫婦と認められました。落語の「たらちね」は、独り者の八五郎の所に大家が世話をして嫁が来る。十九の嫁は京の名家出で、器量も十人並以上で申し分ないけど、唯一の欠点が京言葉で、丁寧すぎて……。

こんなふうに自由だった庶民ですが、武家の結婚となるとそれなりに大変でした。ほとんどが本人たちの意思は関係なく、家同士で決められました。そうはいっても、仲人を立てての見合い結婚もあって、芝居や物見遊山を口実に互いの顔を見て、めでたく婚約。結納交わして、嫁側が花嫁道具と持参金で輿入れしました。持参金の一割を仲人役が手数料として貰っていく。町の医者の中には、こっちが本業のようになり、幇間医者と呼ばれたりしていました。現代人には違和感のあるお歯黒は、既婚女性の印で、黒は不変な色で〝二夫にまみえず〟のしるしでした。さらに子を産むと眉を落とし、髪は丸髷に結いました。〝丸髷になって娘は角がとれ〟という川柳も。

ただし、離縁もわりと多くて、いわゆる「三行半《みくだりはん》」は、亭主が女房に渡す離縁状ですが、けっして夫が女房に叩きつけて、というのではなく、女房が拒否もできました。嫁入り時に持ってきた持参金を、きちんと返却しないと離縁が認められませんでしたし、「離縁したので、再婚してもいいですよ」という許可状でもありました。江戸の女房は、庶民や武家でも結構強かったのです。

其ノ六

売って直して、ぐるぐる廻る　～日々を彩る商売人

忍者が得意な職業は？

時代劇の主人公は、武家ものならば当然、お侍、武士で、しっかりとした役付ならば旗本や御家人といった身分で、普請方とか勘定方とかいろいろとあります。江戸の町が舞台ならば、禄についていないと浪人者で、警察関係ならば与力や同心などなど。また武家の話は追い追いと。これに対して町人となると、暮らしの数だけいろんな職業がありました。これを見ていると江戸の繁栄ぶりと豊かさ、さらには実にエコな社会だったことが分かります。

さて、江戸の長屋の住民はどんな職業についていたか？　町がどんどん拡大するだけに、まずは職人さんが多かった。落語では一番おなじみなのは大工さんでしょうか。左官さんや魚屋さんもわりと登場します。

家を建てるのは大工さんですが、大工さんだけでなくいろんな専門職の力が必要でした。左官さんは土をこねて壁を塗る。屋根だって、瓦葺きなら瓦師、檜《ひのき》の皮を葺く檜皮《ひわだ》葺師、柿《こけら》なら柿葺師、

この〜〜
ロクでなし〜〜
ババァ落ち付け…
だ、だれだ押すな…
まあ…
まぁ…
お二人…
ハイハイ…
鋳物屋
茶碗・皿・鍋修理

茅葺《かや》きなら茅葺師というように。

ちなみに拙著『猫でござる』（双葉文庫）には、信州戸隠《とがくし》村から江戸に出てきた二人の元忍者が登場します。くノ一のお玉は猫の蚤取り屋（これも珍しい職業ですが、実際にあったそうです）をやっていますが、もうひとりの成郎吉《なろうきち》は本職（？）としては盗人ですが、隠れ蓑として瓦葺き職人をしています。何せ元々が忍者なので、訓練を積んでいて身が軽い。夜中は泥棒として屋根の上から侵入するけど、昼は瓦を担いで屋根の上を駆け回っている。活躍ぶりは……読んでいただけると嬉しい限り。

夫婦喧嘩は稼ぎ時？

職人に話を戻すと、家の中も障子や襖の骨や格子を作る建具師《たてぐ》、茶棚や衝立《ついたて》、箱、箪笥《たんす》などを作る指物師《さしもの》、箪笥師、畳を作る畳師、台所の竈《へっつい》師、庭の植木師などなど。こうした当時の生活用品を作ったり修理したりする職人は、その専門の技術を会得して生活していました。刀鍛冶や農具鍛冶師、象嵌《ぞうがん》師、煙管《きせる》師、羅宇《らう》師、簪《かんざし》師、算盤師、人形師、袋物師、草履屋、仕立て屋、足袋屋などなど。

日用品を修理して廻る職人もいました。今みたいに簡単にものを捨てない。何でも修理して使いました。鋳掛屋なら、「鍋、釜ア～、いかアケ～」と町を廻ってきて、その場で直してくれた。どういう装備かというと、天秤棒で担いだ道具が小火炉《しょうかろ》と水桶、ふいごなどで、火をおこしてハンダ

（錫と鉛の合金）で、破損した鍋釜の修繕をしたそうです。言うなれば出張鍛冶屋さん。同じように瀬戸物焼き継ぎ屋さんは、割れた瀬戸物を漆を混ぜた白玉粉で継いでくれた。

〝焼き継ぎ屋夫婦喧嘩の門に立ち〟という川柳がありますが、かみさんが投げて割れた瀬戸物をアテにしている様です。

古傘買いから殺人事件？

こんなふうに、江戸は何でもリサイクルする実にエコな都市でした。

長屋の大家さんの副収入は、住民たちが共同便所で落としていく糞尿で、これらは江戸周辺の農村に肥やしとして売られ、そこで育った野菜が流通して、というわけですね。

煙管の吸い口と煙草を詰める口は金属ですが、真ん中は竹でここを羅宇と言います。長年使っていると、この羅宇の細竹はヤニで詰まったり、折れたりしやすい。で、ここを交換してくれるのが羅宇屋さん。

古傘買いという職業もあって、これは紙が破れたり骨が折れたりして使えなくなった傘を一本四文とか八文とかで買う。修理して使えるものはまた傘にするけど、骨を削り直して再利用したり、貼ってあった丈夫な油紙は、味噌や魚、獣肉、香の物などを包む紙として使われました。

〝古骨にいつも越後が二三本〟という川柳があります。「越後」というのは、日本橋の大店として知られていた越後屋呉服店（三越百貨店の前身ですね）のことで、この店はにわか雨が降ると、店名の入った番傘を客だけでなく、通行人にも貸し出した。返ってこないのは織り込み済みで、店の宣伝としたんですね。さすがに大店で、しっかりコマーシャリズムを駆使していました。川柳は、古傘売りに売る傘に、いつも越後屋から借りたのが入っていた様をよんだもの。

この逸話をいただいて書いたのが、拙書『猫でござる二』の「破れ番傘殺人事件」という短編です。江戸で蚤取り屋になったくノ一のお玉が、定廻《じょうまわ》り同心の岡倉市平太に探索を頼まれる。殺害現場に落ちていた破れ傘に、わずかに残されていた文字から傘を配っていた店を探し、やがて油紙を包装紙として使っていたももんじ屋に辿りついて……。

肉食屋さんのももんじ屋

「ももんじ屋」というのは、江戸で猪や鹿、牛、馬、豚、熊といった獣肉を食べさせる店のことです。徳川の世は肉食を忌むこととしたのですが、化政期（一八〇四〜三〇）あたりから〝山の鯨〟と称した店が出来るようになりました。広重の「名所江戸百景　びくにはし雪中」にも「山くじら」の看板が描かれています。こうした料理屋も、江戸では中期以降にたくさん起業されました。

食べ物関係でも料理人は、板前さんばかりでなく、それぞれの専門家、例えば大きな蒲焼き屋には鰻割師《うなぎさき》がいて、調理をする板前がいたりしました。醤油師、味噌師といった専門家や、寒天や飴を作る職人、饅頭屋、餅屋、煎餅屋というように、店を支える食の職人さんがいました。

また長屋には、天秤棒を担いで日々の食材や日用品を売りにくる行商人が朝夕に限らず、一日を通じて現れました。こうした棒手振りも多くは長屋の住民でした。店を構えてこれらを売ることもありますが、こうした職人から仕入れるバイヤーもいて、町々をかけ声と共に売り歩いていました。

また、季節に合わせて物を売り歩く行商人を際物《きわもの》売りと称しました。正月は凧や宝船、七草売り、春は桜草売り、初夏の菖蒲売り、夏から秋にかけての七夕の笹売り、風鈴、朝顔、金魚、団扇、きりぎりす、盆提灯売りというように実に様々です。

食べ物でも蕎麦やうどんはポピュラーですが、寿司にてんぷら、おでん、飴（これも唐人飴、土平飴《どへい》などいろいろ）や汁粉、団子、大福、心太《ところてん》など何でもあり、あげているとキリがありません。

こうした職人や物売りの姿を知りたい方は、三谷一馬さんのシリーズ『江戸商売絵図』『彩色江戸物売図絵』『江戸職人図聚』（いずれも中公文庫）がオススメです。絵と解説で江戸の商売人たちの姿が浮かび上がりますよ。

幾代餅ってどんな餅？

ところで食べ物屋がらみで逸話をひとつ。落語でおなじみの「幾代餅《いくよもち》」。

搗き米屋の奉公人の清蔵が、浮世絵に描かれた吉原の幾代太夫に一目惚れ。主が一年働かせた給金で、清蔵を若旦那と偽って吉原に送り出す。純朴な清蔵にすべてを明かされた太夫は、「年季が明けたら女房にしてくれ」と頼み込み、約束通り現れる。二人は両国広小路に幾代餅と名付けた餅を売る店を出して繁盛した。

「傾城に誠なしとは誰が言うた。後の世まで詠われました幾代餅由来のお話でございます」というのが下げ。で、この幾代餅はどんな餅だったのか、というと、餅を焼いて餡をつけただけの、さほど珍しくなかった餅でしたが、ネーミングのよさでずっと売れ続けたようです。

ところがこの幾代餅は、一軒だけでなくたくさんあったようです。

訴訟事件となった幾代餅

一番古いのは元禄十七（一七〇四）年といいますから、赤穂浪士討ち入りの少しあとですが、小松屋加兵衛という男が売り出した。加兵衛は吉原の河岸見世にいた幾代（幾世の字もあり）を女房として、幾代がこれを売り歩いていて、いつしかそう呼ばれるようになった。吉原時代の馴染み客たちが後押しして繁盛したといいます。

落語の方はこれをベースに、もうひとつ同じストーリーの「紺屋高尾」などと合わさってできたのでしょう。

ところで、別にあったというのでは、浅草御門内の藤屋市郎兵衛が、「うちこそが元祖だ」と主張、「繁盛していた小松屋の幾代餅は、偽物だ」と町奉行に訴えたそうです。この時代にもあった商標訴訟。吟味が行われた結果、どっちの言い分も一理あり、となって「両店とも離れたところへ引っ越せ」という沙汰が。それは困ると話し合って、そのまま浅草と両国で商売を続けたということ。この結果からか、あちこちに幾代餅の名を冠した店が出てしまったという後日談でした。

其ノ七

腰の刀をいつ抜くか？　～大名と武士

一万石の大名はつらいよ

江戸の町人について書いてきましたで、そろそろ侍、武士について。

ご存じのように江戸時代は、士農工商という身分制度があって（近年の研究では身分の上下を指していなかったという説になっていますけど）、一番上に位置づけられていたのが武士で、名字帯刀が許されていました。

このお武家様、お侍といってもいろいろあります。頂点に君臨していたのが徳川家の将軍様ですね。それから各藩を支配するお大名。さらにややこしいのが旗本とか御家人《ごけにん》という身分のお侍たち。

武士も格だったり家の大きさで違います。単位はサラリー（収入）として貰うお米の取れ高の石です。大名は一万石以上を指します。大体の年収などについては、其ノ参で述べました。

私の友人の作家、千野隆司さんの人気シリーズ『おれは一万石』（双葉文庫）は、下野高岡《しもつけたかおか》藩井上家に婿入りした十七歳の主人公が、一俵でも禄高が減ってしまうと旗本に格下げになってしまうギリギリ大名家で奮闘するという物語です。大名か旗本かではずいぶん違ったんですね。

将軍直属の家臣だと、一万石以下で御目見得《おめみえ》（五節句などの式日に登城して将軍家に直々に会える）以上を旗本といい、それができない身分が御家人です。旗本も一〇〇〇石以上となると大身《たいしん》です。屋敷もそれなりの大きさで、用人、給人、中小姓、若党、中間といった人たちを家来としていました。これ以外にも女の奉公人も多数働いていました。

いつの世も出世にはお金がかかる

御家人は家禄としては（例外もありましたが）二〇〇石以下の下級武士を指します。こうした旗本、御家人は武家地に身分相応の屋敷に住んでいました。

前述した『武士の家計簿』の猪山家は、加賀藩の御算用方、勘定方というのもほぼ同じで、要するに藩の会計担当です。堺雅人さんが演じた猪山直之は、十八歳で正式に切米《きりまい》四〇俵取りの御算用者となります。直之の父の信之（中村雅俊さん）は出世をして七〇石取りの知行取りでした。この知行取りになったというのは、かなり名誉、出世だったようで、信之はこれを誇りとしていました。この出世をするためには、ずいぶんと運動のためのお金がかかったようで、これも借金として膨らんだ理由のひとつでした。

こうしたお侍はいわゆるお宮勤めかサラリーマン。それに対して庶民の長屋に住んでいたのはいわゆる浪人。何らかの理由で禄が貰えなくなったお侍です。

ハイ、拙者、
お察し通りの
浪人侍……
「用心棒」？
イエ今から
傘張の
バイト
です
フリーター
ですから……

野暮の象徴、浅葱裏

「忠臣蔵」で分かるように、殿様の不祥事とかで、藩が取り潰されたりすると、そこに仕えていた侍が大挙浪人となってしまう。食い詰めると江戸に出て浪人をして、再就職の道を探ったりしたわけです。時代劇では、チャンバラもできるし自由に動かせるので、もっぱら活躍するのが浪人者ということになります。

江戸の町だと、将軍家直属の旗本や御家人、浪人以外に、各藩の江戸藩邸があって、参勤交代で来て務めを果たす江戸詰（勤番）や、長期間江戸藩邸にいる定府《じょうふ》といった侍たちもいました。この家臣たちは、江戸藩邸内に身分に応じた長屋に住んでいました。定府以外はほぼ単身赴任。

こうした勤番侍は、安サラリーながら三、四日に一回の勤務というようにおおむね暇で、グルメや名所、芝居見物、吉原通いなど大都会の江戸を楽しんだようです。侍なので威張っていましたが、江戸っ子からは「浅葱裏《あさぎうら》」（羽織の裏がヤボったい浅葱木綿が多かったから）と陰口を叩かれていました。相手が浪人だろうと、勤番侍だろうと、身分としては一番上ですから、町民が接する時には敬語、丁寧語となります。この言葉遣いは時代劇を理解する時の基本になります。あとでじっくりとお話しします。

何しろお侍は腰に物騒な刀を差していますからね。でも泰平の江戸では、ほとんどの侍は刀を抜く機会はなく、身分を示す飾りでした。一生に一度も（闘うために）抜かなかった侍も珍しくありませんでした。でも時代劇のチャンバラものならば、その腰のモノを抜いて、戦う場面が見せ場になるわけです。

チャンバラに都合がいい浪人

ともあれ武士の世界を描こうとする時に、その侍の身分とか役職をどうするかで結構悩みます。浪人ならば、今でいう侍のフリーターみたいなものですから、内職の傘とか提灯張り、教養を活かして寺子屋で教えていたりするのが一般的です。

また、剣の腕が立つならばボディガードみたいな用心棒（本当は職業としてはほとんどなかった）というので物語が作れます。藤沢周平先生の不朽の名作『用心棒日月抄《じつげつしょう》』（新潮文庫）の主人公、青江又八郎は東北の藩から江戸に逃れてきて、生きるために用心棒をやっているという設定でした。

拙著の例でいえば、『矢立屋新平太版木帳』（徳間文庫）の主人公の柿江新平太は、上総《かずさ》の某藩の勘定方の家の跡継ぎだったが、家督を弟に譲り、物書きを志して江戸に出た、という生い立ちにしました。新平太は一人前の物書きにはなれずに、寺子屋の師匠をしながら、かわら版の原稿を書く矢立《やたて》屋《や》（この職業とネーミングは私が勝手に作ってつけたもの）になった。いわゆる事件記者ものを江戸でやりたいと思ったのですが、浪人としたのは殺陣（チャンバラ）をやらせたかったからです。

ひとくちにお奉行様といってもいろいろ

作り手から言えば、自由に作れる浪人者に対して、難しいのは禄のある武士を扱う場合です。どういう役職や身分があったかという専門書はたくさんあります。例えば、『近世武士生活史入門事典』（柏書房）や、笹間良彦著『江戸幕府役職集成』（雄山閣）といった類いです。事典になっているくらいですから、とてもここで全部語れませんし、幕府と各藩では、組織や役職が違いますからね。徳川家となると大きすぎるので、ここでは藩でざっくりとご紹介しましょう。

まず、トップにはお殿様である代々続く藩主がいますね。その下で殿を支えて政を行う重役クラスが家老です。これも殿様が江戸にいる間執政を代行する城代家老や国家老、さらに江戸藩邸にいる江戸詰家老もいます。その下に中老、年寄、若年寄、用人といったさらに重役クラスがいました。代々その家で家老職を継ぎましたが、藩によっては手腕を買われて登用されることも。お家騒動など権力闘争で暗躍するのがこのクラスですね。大目付や目付というのは、藩士がちゃんと仕事をしているか、不正を働いていないかなどを監視する役割。こうした重役の下で、それぞれの役目を果たす役職が細かく分かれていたわけです。

奉行というと、大岡越前とか遠山金四郎の町奉行を思いますが、これは警察庁長官兼最高裁判事みたいなもので、各藩でもいろんな奉行職がありました。警察に当たる町奉行の他にも、寺社奉行、郡奉行、勘定奉行、普請奉行というように、これらはいわば各セクションの部長クラスと考えていい。どういう仕事をしていたかは、大体その冠を見ると分かりますね。この奉行の下に、部下たちがいて、いろいろな仕事をこなしていました。

役職として使い勝手がよくて分かりやすいのは、事務職で年貢の取り立て（税金関係など）の勘定方とか、土木治水関係を扱う作事方といった役職でしょうか。こうした勤め人のお侍の関係を理解するには、今の公務員とかサラリーマンを想定してみるといいでしょう。

『たそがれ清兵衛』の貧乏武士ぶり

武士も身分でいろいろですが、特に下級藩士となると気の毒です。好例となるのは藤沢周平先生の原作を山田洋次監督が映画化した『たそがれ清兵衛』（二〇〇二年）。

真田広之扮する井口清兵衛は海坂藩（ご存じのように藤沢先生が作った架空の藩）の五〇石取り、実質は三〇俵二人扶持の下級藩士。蔵の出納を帳面につける地味な仕事で、妻に先立たれて子どもがいる男やもめ。自宅で畑を耕し、ニワトリを飼い、虫籠作りの内職をしている。月代《さかやき》も毎日剃る余裕がなくてみっともない有り様。妻の介護をしていた頃から、城勤めも夕方になるとそそくさと帰宅してしまう。ついたあだ名が〝たそがれ清兵衛〟。この清兵衛に何かと心を砕くのが、友人の妹で出戻ってきた朋江（宮沢りえ）。しかし清兵衛は剣の達人だったため、上意討ちの追っ手に任命されて……。

この映画で、地方在の下級も下級、最下級といえる藩士のリアルな暮らしぶりが描かれていて驚きました。侍の実態はこんなものだったかも。

其ノ八

この桜吹雪が目に入らぬか　～警視総監で裁判長

江戸の刑事ものの復活を

二〇一一年にTBS系列でやっていた『水戸黄門』が終了となり（その後、BS枠で復活しましたが）、テレビドラマではNHKを除いて、地上波の民放各局から時代劇のレギュラー放送がなくなってしまいました。

とはいえ、年末年始の特別枠や時代劇チャンネルなどでは、根強い固定ファンが時代劇ドラマや映画を支えていて、時代劇がなくなるわけではありません。今後高齢化がいっそう進むことで、時代劇を求める声は間違いなく増えます。メディアを拡げて作られるようになるはずです。作る方も見る方も頑張って、時代劇を応援しましょう！

ところで現在、テレビドラマで圧倒的な一番人気ジャンルは「刑事ドラマ」「推理・捜査もの」でしょう。時代劇にこれを置き換えると、「捕物帳」や「奉行もの」となります。さて、時代劇でも欠かせないこの分野について。

おっおっ…
てめ～～ら
この紋所が……
も
紋所
？……
？
！？

“ぶものちょう”って⁉

余談ですが、知り合いの脚本家が（天下の）某国営放送で、企画の打ち合わせをしていたら、まだ若い女性アシスタントプロデューサーが、「じゃあ、ぶものちょうですか?」と言っていて、「は?」と聞き直したそうです。そう、もう「捕物帳」が読めない若者が出現している（しかも放送局で！）。

なんとかしなくては……ですがテレビドラマでは、特別枠として、池波正太郎原作の『鬼平犯科帳』が、ポツポツと忘れられそうになるとオンエアされて数字も高い。これも「捕物帳」のひとつといえるかもしれませんが、むしろ時代劇版「捜索もの」、もしくは「奉行もの」でしょうか。

過去の同タイプシリーズとしては、『大江戸捜査網』や『八丁堀の七人』といったヒットドラマが思い出されます。細かく分類すると、役職で分かれて『鬼平犯科帳』、あるいは『大岡越前』や『遠山の金さん』は「奉行もの」。『大江戸捜査網』や『八丁堀の七人』は「同心もの」となって、こちらはいわば「刑事もの」に相当します。

それは別にして通常「捕物帳」といった場合は、市井の警察官的なポジションにあった岡っ引を主人公とした作品となります。オールドファンには懐かしい『半七捕物帳』（原作・岡本綺堂）、『銭形平次』（原作・野村胡堂）、『人形佐七捕物帳』（原作・横溝正史）などですね。同心や岡っ引についてはは次章で。このように、時代劇では主人公の役職や身分で違ってきますので、そこのところを改めて押さえておきましょう。

すぐそばの北町と南町奉行所

まず警察組織のトップに君臨する「町奉行」から。

徳川幕府が江戸を中心とするようになって、江戸全体の治安を守るために置かれました。

『遠山の金さん』では、裁きの場であるお白洲に「北町奉行、遠山左衛門尉《じょう》様、ご出座～」という声で、遊び人の金さんが肩衣に長袴の奉行として現れます。それから肩脱ぎして刺青を見せて「この桜吹雪に見覚えがねえとは、言わせねえぜ」となります（むろん、これは作劇上の大嘘ですが）。

このように町奉行は北町と南町の二つがありました。時代によって場所は多少変わったのですが、南北の月番制で交代して執務にあたりました。北と南というと、ずいぶん離れているように

北町・南町の奉行所

思えますが、歩いてもすぐでした。南町奉行所があったのが、今の有楽町のマリオンあたりで、北町は東京駅の八重洲口付近ですから、せいぜい二十分もかかりません。

責任重大の町奉行

町奉行は今の警察業務だけではなく、江戸の武家、寺社を除いた市民の行政、司法も司っていました。今でいう東京都知事、警視総監、地方裁判所長、消防庁総監といった職務も兼務していたわけです。月番で交代したのは、多忙過ぎたということだけでなく、権限がひとつに集中しないようにしたからともいわれています。月番の奉行所は大門を八文字に開けて、その月の訴訟を受けました。非番の奉行所も休んでいたわけではなく、未決事件の整理をしたり、緊急の事件が起こると出動したそうです。この奉行ひとりの下に，与力二十五人、同心百五十人がいて一隊としてひとつの組織が形成されていました。

さて警視総監ともいえる町奉行の待遇は、おおむね三〇〇〇石高でしたが、位としては小さめの大名級でした。江戸では俗にいう三奉行、寺社奉行、町奉行、御勘定奉行がありましたが、警察関係、犯罪がらみということで断然登場するのは町奉行ですね。しかし、一番の位は寺社奉行で、将軍直属の奏者番《そうじゃばん》でもあり、全国の寺社とその領地、領民などを監督し、訴訟や事件を扱いました。寺社奉行の格は一万石以上。寺社内の事件に関しては町奉行も手が出せませんでした。

金さんは本当に名奉行か

町奉行を主人公とする場合に面倒なのは、天正期（一五七三～九二）の板倉四郎衛門から、明治元年までの佐久間鐇五郎《ばんごろう》まで全員の名前が残っていること。この中で有名人は享保（一七一六～三六）から元文（一七三六～四一）にかけて活躍した大岡越前と、弘化年間（一八四四～四八）の遠山の金さんこと、遠山左衛門尉ですね。

拙著では『つむじ風お駒事件帖』（徳間文庫）に大岡越前を登場させました。主人公のお駒は、盛り場で曲独楽の芸を見せて歯磨きを売る香具師《やし》ですが、父親が同じく曲独楽師の松井源水で、享保の時代に十手を預かる親分として名を馳せていました。その享保の時代こそが八代将軍吉宗で、奉行に抜擢されたのが大岡越前守でした。娘のお駒は創作ですが、松井源水は実在の人物で、十手をというのも史実として残されています。大岡越前と接触があったかは、もちろん分かりません。記録がなければ使ってしまう、というのがフィクションの秘訣というわけです。

もうひとり、『猫でござる一』（双葉文庫）の中の「拙者は猫でござる」では、幕末天保期（一八三〇～四四）の悪名高き南町奉行の鳥居耀蔵《ようぞう》も出しました。耀蔵は学問で有名な林家の三男坊で、二五〇〇石の旗本鳥居家に婿入りし、目付を経て、時の老中首座になった水野忠邦に抜擢され南町奉行に出世しました。

この時代、北町奉行だったのが遠山金四郎こと遠山左衛門尉景元です。鳥居耀蔵は、水野忠邦がやろうとした天保の改革の推進者として、庶民をビシバシと取り締まったので、妖怪とあだ名されました。実は遠山の金さんは、名奉行といわれるほどの善政はしていないのですが、耀蔵と反対側にいたからよく思われたというようです。

『耳嚢』で根岸奉行が大活躍

時代が少し前に戻りますが、もうひとり寛政期（一七八九～一八〇一）に南町奉行となった根岸越前守鎮衛《しげもり》も、知る人ぞ知る有名奉行。実はすでに根岸鎮衛は、九〇年代にNHKで放映した『はやぶさ新八御用帳』（原作・平岩弓枝）や、TBSの『南町奉行事件帖　怒れ求馬！』シリーズなどで、主人公の後ろ盾になる重要な役で登場しています。根岸がなぜ知られているかというと、『耳嚢《みみぶくろ》』という江戸の珍談、奇談を書き残した随筆集が残されているからです。この江戸のエッセイは我々にとってはネタの宝庫でもあります。

この根岸、宮部みゆきの『霊験お初捕物控』（講談社文庫）にも登場しますが、何といっても、文庫シリーズでミリオンセラーとなっている風野真知雄（私の友人です）の『耳袋秘帖』シリーズ（文春文庫）で、主人公として活躍します。

また落語には、文久から元治の南町奉行佐々木信濃守が登場する「佐々木政談」や、奈良奉行（噺によっては根岸鎮衛の孫の根岸鎮奮《もりいさむ》）がお裁きをする「鹿政談」などもあります。このように、奉行はまったくの架空の人物にはしにくいのですが、こうした名前が残っている町奉行の出自を調べた上で、フィクションで活躍させることは可能なんです。

ちなみに大岡越前や遠山の金さんは、お白洲で罪人を裁く裁判官のイメージが強いのですが、町奉行はむしろ物価対策や農政に力を尽くす行政官としての仕事がメインでした。

実は過激な〝火盗改め〟

ちなみに「奉行もの」に入れてしまいましたが、『鬼平犯科帳』の長谷川平蔵は、町奉行ではなく〝火盗《かとう》改め〟こと「火付盗賊改」で、放火犯や盗賊対策のために特別に作られた役職です。こちらはもっと自由に動けて犯罪に直接関わっていました。元々は戦の時の先鋒となる御先手組《おさきてぐみ》で、頻発する火事や盗賊、博打に対応するために独立されました。

火盗改めは、町奉行や寺社奉行といった管轄を越えて、僧侶、旗本なども容赦なく検挙して取り調べを行いました。奉行所のような定まった施政所がなく、長となる先手頭の屋敷を拠点としたり、お白洲として自らの屋敷を使って取り調べたために、冤罪もかなりの数にのぼったといわれています。

この火盗改めの有名人は、何といっても池波正太郎原作『鬼平犯科帳』によって知られた長谷川平蔵宣以《のぶため》。若い頃は「本所の銕《てつ》」という不良として一目置かれていたとか。老中松平定信の命で、石川島人足寄場を設置して無宿人に職を与えたことや、大盗賊の葵小僧の一味を捕縛したことでも知られています。長谷川平蔵はそうした逸話の残る人物であったわけですが、池波さんが発掘し、江戸の町の安全を守る正義の味方としたことで認知されたのです。

其ノ九

与力、同心は女湯専門 ～江戸の警察

役割分担の与力・同心

「捕物帳」、すなわち時代劇における警察もの、刑事ドラマを楽しむための基礎知識の続き。警察のトップにいて指揮を執っていた、いわば警視総監に当たるのが町奉行。その配下に与力や同心がいました。町奉行一人、南北一組に与力二十五人、同心百五十人で一隊。これを五つに分けて、五分隊としました。

町奉行に属する与力（寄騎とも書いて、一騎、二騎と数えた）は、二〇〇石で馬一頭、槍一本の待遇でした。その支配下にあったのが同心。与力や同心が主人公というと、いわゆる刑事が犯罪者を追いかけて、といった捜査ものかと思うのですがそうでもなく、自宅で執務する組役や、町奉行に出勤して内勤する内役もいました。

捕物帳でもっぱら探索をしたり盗賊を捕縛するのが外役ですが、これも取り締まり対象によってさまざまな役目がありました。通常は与力一騎に同心六人で一組。役名としては本所見廻り、養生

ご苦労さんだネェ……♥
明晩越後屋の蔵に……

所見廻り、高積《たかづみ》見廻り、風烈《ふうれつ》見廻り、昼夜見廻り、定町《じょうまち》廻りなどなど。例えば高積見廻り（与力一騎、同心二人がチーム）は、市中に乱雑に積んだ荷物や立てかけた材木などがないかを見廻って、事故が起きないように監督する役目。風烈見廻り（というといかにもかっこよく思えますが）や昼夜見廻り（これも三人一組）は、風の強い日の火の用心を促したり、怪しい者どもがいないかと取り締まっていました。

「奥様あって、殿様なし」

与力も一番重い役の吟味与力は、お白洲で罪人の取り調べを担当していました。町奉行に所属する与力は、知行取りなら特殊で、旗本のような御家人のような侍でした。

八丁堀の七不思議のひとつに「奥様あって、殿様なし」というのがあります。これは〝奥様〟と呼ぶからには、主は〝殿様〟と呼ぶべきなのに、八丁堀の与力は〝旦那〟と呼ばれていたからです。通常、旦那に対しての妻は〝ご新造〟と呼ばれるわけです。

捕り物となるともっぱら、三廻りといわれる定町廻り、隠密廻り、臨時廻りが活躍しました。定町廻りは六人いて、町々にあった自身番を巡回して、町内に不審な動きの有無を聞いて廻り、容疑者が捕らえられていたりすると、奥の部屋で取り調べも行いました。隠密廻りは二人、その名の通りで、町奉行の直属で江戸市中を秘かに廻って調べる役目。ある隠密廻りは、大名屋敷へ逃げ込んだ犯人を逮捕するために、中間《ちゅうげん》に変装して奉公し、捕まえたそうです。定町廻りの人手が足りなくなると加わったのが臨時廻りです。これも六人で、長い間定町同心を務めていた者がなることが多かったとか。

懐かしの時代劇の同心たち

　こうした与力や同心が活躍するドラマシリーズとして、思い出されるのは『八丁堀の七人』（二〇〇〇〜〇六年オンエア）でしょうか。これを例とすると、上司役の青山久蔵（村上弘明）が北町奉行所の与力、仏田八兵衛（片岡鶴太郎）が定町廻り同心、磯貝総十郎（石倉三郎）が筆頭同心といった役職、地位になります。

『人形佐七捕物帳』の主人公岡っ引の佐七を使って、あれこれと探索を命じるのは、八丁堀与力の神崎甚五郎。本当は神崎の配下に同心がいたはずですが、もっぱら神崎が直に佐七に御用を命じて、という設定になっていました。

　ちなみに、町奉行管轄下の与力や同心の呼称として「八丁堀」（『必殺シリーズ』の中村主水のように）と呼ばれるのは、京橋から隅田川寄りの八丁堀の組屋敷を住居としていたから。

　町奉行配下の同心は、〝町方同心〟もしくは〝八丁堀同心〟〝八丁堀の旦那〟と呼ばれ、特にスタイルが粋でした。黒の紋付き羽織に白衣。袴をつけない着流しで雪駄履き。通常、武士は正式な場所では袴をつけなくてはいけなかったのですが、同心だけは着流しが許されていて、その姿で市中を廻っていました。町人からすると一目で同心と認識できたわけです。

『人形佐七捕物帳』では与力がボスでしたが、『半七捕物帳』の方は特に固有な登場人物として与力も同心も出てきません。

同心が主人公の小説は、半七に触発されて書かれた佐々木味津三作の『右門捕物帖』で、〝むっつり右門〟というあだ名で映画化、ドラマ化（最後のテレビドラマは一九八二～八三年／杉良太郎主演）もされました。同心右門の人物像は、剣は錣正流《しころせい》居合斬り、柔術は草香《くさか》流の達人で、岡っ引の伝六を従えて、怪事件を解いていくという設定でした。

他にも藤沢周平の『神谷玄次郎捕物控』の玄次郎は、怠け者同心ながら直心影流の遣い手。宮部みゆきの『ぼんくら』の井筒平四郎も、憎めない同心でしたね。

いっぱいあった役得

同心は与力よりももっと薄給、三〇俵二人扶持という御家人でしたが、懐には必要経費的に五両、一〇両といった金を持っていました。それを使用人の中間や小者、さらには出入りしていた岡っ引、御用聞きに与えていた。薄給なのに、現金を持っていたし、暮らしも比較的裕福でした。その理由は役得があったから。町奉行にはさまざまな付け届けがあったし、裕福な商家や大名屋敷から蔭扶持としての臨時収入を得ていました。当然、その分いろいろと便宜を図りました。

八丁堀七不思議のひとつに「金で首がつなげる」という言葉があって、軽犯罪ならばお金でお目こぼしが可能だったという意味。与力も同様です。

そのほかにも役得はいろいろあって、ひとつは「日《ひ》髪《がみ》日《ひ》剃《ぞ》り」で、毎朝髪結いが屋敷に廻ってきて髪を結い、月代、髻《もとどり》を剃らせた。これは身分の高い武士だけに許された特典ですが、八丁堀の与力・同心にも許されていました。髪結いから市井のいろんな情報を得ていたのかもしれません。拙著『猫でござる』には、定廻り同心の岡倉市平太が登場するのですが、彼は自宅に来る髪結いよりも、髪結い床の色っぽい女房に髪を結わせているという設定にしました。

これ以外によく知られていた特権は、これも七不思議のひとつ「女湯の刀掛け」。与力や同心は、一番空いている朝早くの銭湯、それも男湯ではなく女湯に入ったそうです。通常は武士の両刀は銭湯の二階の座敷で預かるのだが、与力、同心に限っては女湯に刀掛けがあった。

早朝は女湯は特に空いていて、隣の男湯から聞こえてくる世間話から情報を得たとも言われています。その間、下男が見張っていて、女客を入れなかった。でも、芸者とかは気にせずに入ってきた、とものの本にあります。それはそれで色っぽい場面になりそうです。

いざ出動！の決まりごと

さて、いざ事件発生となった時、与力や同心はどのように出動したのでしょうか？

例えば、商家に強盗が入ったとか、立てこもり事件が起きたといった場合は、まず町の名主から町奉行に通報されます。当番の与力が訴えを聞いた上で、詰めている与力・同心、あるいは大がかりな人数が必要となると、控えにも知らせを出して支度をさせる。

与力は火事羽織に野袴で陣笠を被る。配下の侍を一人と槍持ち一人、草履取り一人を連れて、奉行に報告して出陣。同心は鎖帷子に鉢巻き、小手に脛当て股引といった戦闘服に身を包み、物持と呼ばれる供を連れていく。そして奉行所の表玄関での町奉行や公用人による見送りと、太鼓の打ち鳴らしで送り出される。まさに出陣でした。現場に着くと、与力が大声で「召し捕りのために出張った」と申し渡し、月番は表から、非番は裏から踏み込んだわけです。

整っていた治安ネットワーク

こうした立てこもりみたいな案件は、決まりの手順を踏んだようですが、大体〝事件は現場で（突然）起きる〟ので、その場合はまさに臨機応変に対応したようです。

例えば、どこかの商家で盗難があったとして、町の世話役や、手先としている岡っ引が同心に知らせます。同心は現場に駆けつけ、ことの顛末を被害者などから聞いた上で、まずはその地区受け持ちの定廻り同心に届けます。それから「品触《しなぶれ》」という盗難の日時や品目を書いた書き付けを、江戸の八品商（古着屋、古着買い、古鉄屋、古鉄買い、古道具屋、小道具屋、唐物屋、質屋）などに触れ廻します。さらに吉原などの岡場所や博奕場といった、下手人が立ち寄りそうな場所に手配をする。与力や同心は、こうした悪所を取り締まっている顔役、親分とも繋がりがあったわけです。

広い江戸の町の犯罪を取り締まる与力や同心の数は、けっして多くありませんが、こうしたネットワークがそこそこ機能していて、八百八町の治安を維持していたんですね。

其ノ拾
銭形平次の投げ銭はいくら？　〜岡っ引と捕物帳

岡っ引の十手は非公認

時代小説で欠かせない職業のひとつが「岡っ引」（「岡っ引き」と書く場合もあります）でしょう。江戸の町で、幕府の役人である町奉行所の与力や同心から、十手を預かって探偵みたいな役割をする。他にも「御用聞き」「目明かし」といった呼び方もありました。表向きは「小者」「手先」などとも称されました。岡っ引がさらに小遣いを与えて使ったのが「下っ引」。

ただ、「お上から預かったこの十手」という、捕物帳でおなじみのセリフは実は嘘で、八丁掘の同心から正式に貰ったのは手札と称する証明書でした。十手は非公認で持つことを黙認されていたようです。それも奉行所の与力や同心が持つ朱色の房付きは認められなくて、違う色の房か、房なしに限られていました。これも普段はなるべく見せないようにして、お調べとかになると岡っ引であることを示すためにちらつかせた。下っ引となるともっぱら身分を隠しての潜入役だったので、十手は持たせてもらえなかったというのが本当のようです。

やっぱり江戸も〝みかじめ料〟

岡っ引はひとりの同心の下とは限らず、南北両方の定町廻りにも出入りし、火盗改めの下について働く者もいたとか。捕物帳とは違って、岡っ引、御用聞きは庶民からはおおむね嫌われていました。それこそ十手で脅かされたり、たかられたりしましたし、そもそも悪をもって悪を制するという考え方から、悪者やスネに傷あるやつを、あえて手先に使ったということもあったからです。

時折、奉行所と岡っ引は関係がないとか、彼らを使ってはいけないといった禁令が出されたりしていますす。それでも捕り物や町々の動向を調べたりするのに便利なので、十手ともども岡っ引の存在を黙認していたようです。

一応、給与として月に一分程度を貰っていたともいいますが、これっぽっちでは何の足しにもならない。同心から小遣いを貰ったり、商人の店に出入りし、もめ事処理やお目こぼし、〝みかじめ料〟的な余録があったようです。

百円玉を投げてる銭形平次!

岡っ引で一番ポピュラーなのは『銭形平次』でしょうか。長らくテレビドラマの時代劇でおなじみになりました。これは野村胡堂が『銭形平次捕物控』で登場させたキャラクター。武器として銭

!!?
銭形のダンナ!!
助かる〜〜!

を投げるとか、「親分てェへんだ」と事件を告げにくる、がらっぱちこと八五郎（彼が下っ引）といったおなじみのシーンが人気を呼びました。何度も映画になりましたが、テレビ時代劇では大川橋蔵、風間杜夫、北大路欣也、そして村上弘明といった俳優さんが演じました。しかし、村上平次が二〇〇五年で終了して以来、すっかり遠ざかってしまっています。

ちなみに平次が投げたとする銭は「寛永通宝」という銭で、一文銭と四文銭の二種類がありました。平次が使ったのは四文銭の方らしい。これがいくらくらいかは、時代で違うので何ともいえないのですが、主な舞台となった文化文政期（一八〇四～三〇）だとすると、今の八〇～一二〇円くらいでしょうか。

そもそも野村胡堂がこれを思いついたのは、小石を投げる水滸伝の豪傑にあやかったとか。「銭形平次」という名前も、〆切直前に困って窓の外を見たら、建築会社の銭高組のマークがあり、そこからとりあえずつけたそうで、大ヒット作が生まれるきっかけは案外こんなものかもしれません。

銭形平次は岡っ引専門で家業を持っていなかったようですが、むしろ公式な警察官ではないので、料理屋や湯屋を女房にやらせていたりしました。

半七は日本のホームズ

岡っ引を主人公にした小説や映画、ドラマはたくさんあります。

まずは嚆矢となったのが岡本綺堂の『半七捕物帳』で、陣出《じんで》達朗原作で中村梅之助が当たり役となった『伝七捕物帳』、横溝正史原作の『人形佐七捕物帳』、柴田錬三郎原作の『岡っ引どぶ』、コミックですが石ノ森章太郎の『佐武と市捕物控』などなど。ヒットの秘密はいかにかっこいいネーミングを与え、キャラクターを作るかなんですね。

先に銭形平次を出してしまいましたが、「岡っ引」「捕物帳」について、本来先に紹介しなくてはいけないのは、岡本綺堂の『半七捕物帳』です。この短編小説集は日本のミステリー、探偵小説のさきがけとも位置づけられているのです。

作者の岡本綺堂は、明治五（一八七二）年に幕府の御家人だった岡本家の長男として生まれ、新聞記者を経て歌舞伎の脚本を書く劇作家、そして小説家として活躍しました。コナン・ドイルのシャーロック・ホームズに親しむようになった綺堂は、「自分でも探偵物語を書いてみたい」と思うようになり、生まれたのが『半七捕物帳』だったのです。

ただ探偵を登場させるのでは西洋の模倣になると懸念した綺堂は、いっそ純和風で江戸の探偵物語にしようと考えました。江戸の風物を残したいという思いもありました。こうして大正六（一九一七）年に「文芸倶楽部」に第一話の「お文《ふみ》の魂」を発表します。明治の新聞記者（綺堂自身）が、幕末期に岡っ引をやっていた神田の半七という老人と知り合い、彼が手がけた事件の数々を聞き書きする、という構成になっています。

古典だけどおもしろい！

『半七捕物帳』は、その後人気を博し、二十一年にわたり雑誌や新聞連載などで書き継ぎ、全部で六十九篇に及びます。綺堂の代表作はまさにこの『半七』ですが、歌舞伎では、割れた能面にまつわる「修善寺物語」や、腰元のお菊さんが「一枚、二枚……九枚、一枚足りない」と数える「番町皿屋敷」などは今でも上演されます。また「白髪鬼」や「影を踏まれた女」など傑作怪談や、江戸にまつわる珠玉の随筆も残されています。

『半七捕物帳』に戻ると、第一作が発表されて百年近く、昭和十二（一九三七）年の最終作「二人女房」からも七十五年も経っていて、まさに古典といえるでしょう。けれども今でも文庫本などで発売されています。

また入門としては、北村薫さんと宮部みゆきさんがセレクトした、『読んで、「半七」！』（ちくま文庫）といった傑作選もありますので、未読な人はぜひ。私がおすすめなのは、九八年に筑摩書房から出た『半七捕物帳』全六巻セット。やや高額ですが、小説だけでなく三谷一馬さんの挿絵や、江戸用語の注釈、さらに江戸の風俗や習慣、さらに小説の舞台となった地図まで載せられていて、まさに決定版と言えます。今は絶版となっているようですので、古本屋さんやアマゾンで手に入れるか、図書館などで借りて下さい。

半七と江戸散歩も楽し

「半七」を古典と言いましたが、とても読みやすい文章です。例えば、

「縞の着物に縞の羽織を着て、誰の眼にも生地の堅気と見える町人風であった。色の浅黒い、鼻の高い、芸人かなんぞのように表情に富んだ眼を持っているのが、彼の細長い顔の著しい特徴であった。」

というのが、第一話で書かれた半七の印象、容貌です。

綺堂が『半七捕物帳』を書いたのは、ホームズのような推理小説を書きたいという動機と、述べたようにもうひとつは「江戸を残しておきたい」という思いでした。綺堂は大病で寝込んだ時『江戸名所図会』（其ノ拾六の章で触れます）という、江戸名所を案内した本を読みふけった。

時代は明治から大正へと移り、古きよき江戸の町は急速な変化を遂げている最中で、綺堂はなんとか江戸の残り香を小説のカタチで留めておきたいと願ったわけです。さらに半七が事件を解いていく過程のおもしろさに加えて、各話で江戸散歩を楽しむことができます。できれば江戸の切絵図を片手に読むと、次第に江戸の地図も読めるようになっていきます。

宮部みゆきさんは『半七捕物帳』のカバーがすり切れるほど、愛読したといいます。宮部さんだけでなく、日本の推理作家、時代小説作家で読んでいない人はモグリだと言っていい！

二枚目だけど恐妻家の人形佐七

この半七に影響を受けつつ、でも同じにしない捕物帳を書こうとしたのが横溝正史の『人形佐七捕物帳』。これについても少しだけ。

横溝が佐七を初登場させたのは昭和十三（一九三八）年。戦時体制に入ろうとしている時代で、娯楽を求める大衆向けに書かれました。名前の由来は、半七のせめて弟分にあやかりたいと『半七捕物帳』の中の「津の国屋」に登場する若い岡っ引、人形常こと常吉から頂戴したといいます。佐七は〝人形を見るような男ぶり〟で、やたらと女に弱い。でも女房が吉原で東雲《しののめ》太夫として名の知れたお粂《くめ》。この一つ年上の姉さん女房は、人一倍悋気もちで悩まされるという設定。子分がきんちゃくの辰で、もうひとり上方から岡っ引の修業にきたうらなりの豆六も加わります。

横溝の狙いは、本格ミステリーを捕物帳でという思いがあったようで、「お玉が池」の俳句の暗号解読をやったり、「羽子板娘」の連続怪奇殺人が発生したりと、まさに金田一シリーズの作者ならではのミステリーになっています。

すっかり影が薄くなってしまった、岡っ引が主人公の捕物帳ですが、復活を願うばかりです。

其ノ拾壱
刀って首を落とすもの？　〜チャンバラの流派

剣豪といえば宮本武蔵

時代劇というと欠かせないのはチャンバラです。チャンバラというと、刀が外せません。なにせ近頃は刀剣の大ブーム。それも「歴女」とか、「刀大好きギャル」が増えていて、美術館やらで刀剣の展覧会をやると、若い女性がどっと押しかけるという風景が当たり前になっています。それもこれも、映画化もされた『刀剣乱舞《とうけんらんぶ》』といったゲームやコミックが人気の火付け役のようです。

私が脚本を書いた『武士の家計簿』は、侍の物語なのに「チャンバラがまったくない異色時代劇」という昨今の刀剣ブームとは真逆な売り方をしました。今だと企画としても通らなかったかもしれません。ともあれ、刀とチャンバラについてあれこれ。

時代小説のジャンルでも、江戸市民の人情や恋愛などを描いた「市井もの」は別にしても、最も人気のあるのが侍の殺陣《たて》場面を見せ場とする「チャンバラもの」あるいは「剣客もの」でしょう。この内、特定（実在）の剣豪を主人公とすると「剣豪もの」になります。

新聞小説として人気を博し、何度も映像化された吉川英治の『宮本武蔵』はその代表ですね。剣豪というと誰もが真っ先に思うのが宮本武蔵の名前でしょうが、これは吉川英治の功績と言っていいかもしれません。最近では、井上雄彦のマンガ『バカボンド』でまた知名度を高めました。

義経は京八流の剣士？

ところで、今さら聞けないチャンバラのイロハというものがある気がします。侍が腰に差しているのが刀で、それを扱う技術に長けた者同士で生死を賭けて戦うんだ、ということで間違いないのですが……。でもじゃあ、そもそも剣豪とは何かとか、いろいろある剣の流派とか、あるいは剣術と剣道の違いとかになると、よく分かりません。そのあたりの常識的なことを知っておいて損はないでしょう。

歴史はいわば戦争の繰り返しだったりしますので、戦うための武器として剣や刀が生まれて、それを使うための技法が磨かれていきました。天武《てんむ》天皇死後に継承争いで敗れた（六八六年）大津皇子は、「剣ヲ撃ツ」ことが巧みだったと伝えられているそうですから、扱う術があったのでしょう。もっともこの時代の剣は反りのない「直刀《ちょくとう》」でした。この刀については次章で。

映画の『陰陽師』（二〇〇一年）で、野村萬斎扮する安倍晴明（活躍したのは十世紀後半）が華麗に剣を扱う場面がありました。それよりあとの十二世紀、京に鬼一法眼《きいちほうがん》という陰陽師がいて、鞍馬山の僧八人に剣術を授けたことから「京八流」もしくは「鞍馬八流」と称する流派が生まれたの

タ〜〜!!
タ〜じゃねえ!
ヂァヂァー
ブッ切に……まてー!
三枚におろせねえなら
クビだー、クビ!!

だとか。伝説ですが、のちに源義経となる牛若丸はその八人のひとりとされています。

足利義輝は剣豪将軍

それより少し前に、関東でも、三大源流といわれる神道流《しんとう》、陰流《かげ》、念流《ねん》という剣術流儀が生まれ、また鹿島神宮から起こったと伝わる鹿島神流などの関東八流も誕生しています。鹿島神流の流祖とされている松本備前守《びぜんのかみ》や、鹿島新當流を生む塚原卜伝《ぼくでん》といった人は神職の家系の出ですが、これら初期の剣術々派は思想的に神道や呪術的なものが背景にあるんですね。剣の道というと精神性が伴うのは、こういう人たちが確立していったから。

このような剣の流派は、合戦が日常化する戦国時代に注目されるようになります。ただこの時期の戦は甲冑を着けていますから、刀よりもむしろ槍や弓、薙刀といったさまざまな武器とその使い方が主流だったようです。つまり、戦国時代の武士は刀の腕も磨いていて、戦となると刀を合わせてというイメージがありますが、むしろ剣術は重要視されていなかった。弓や鉄砲という飛び道具や槍や薙刀、棒といった武器の方が鎧甲の敵には有効で、刀はもっぱら討ち取った敵の首を落とすため、あるいは町中や室内での接近戦に使われたそうです。

それでも、刺客などの襲撃に備えるために剣術を積極的に学んだ武将もいて、塚原卜伝を師として剣の極意に達したのが室町十三代将軍の足利義輝です。織田信長や徳川家康も剣術を習ったとか。

そして、室町から戦国時代にかけて、剣の術を思想的に確立した流派が誕生しました。戦の時代が終わり泰平の江戸時代になって、さらに心身を鍛練する道の要素が整えられ、数百という剣の流派が誕生しました。その流れや精神は、廃刀令が出た明治維新後も続きました。

「無刀取り」ってどんな剣？

こういった剣の流派はもう多種多彩で、チャンバラもののネタの宝庫かもしれません。例えば有名どころでは「柳生新陰流」。この流派が知られているのは、徳川の代々将軍の剣術指南役を務めたからです。もともと陰流から継いだ上泉伊勢守信綱《かみいずみいせのかみのぶつな》が大成した「新陰流」があって、これを授けられたのが柳生宗厳《むねよし》（石舟斎《せきしゅうさい》）。柳生は今の奈良にあった小豪族です。

徳川家康は宗厳が極めたという「無刀取り」の噂に興味を抱き、呼び寄せた宗厳と息子の宗矩《むねのり》の剣技を目の当たりにして、徳川家の兵法指南役を命じました。「無刀取り」というのは、伝えられているところでは、自分が無刀でも、相手の懐に入って相手の剣を奪ったり、動きを封じたりする技（もしくは心得）ということらしい。

ちなみに名前の知られた柳生十兵衛（三厳《みつよし》）は宗矩の嫡男。三代将軍の家光の勘気に触れて追放され、十数年の間諸国を巡り歩いて武者修業をしたといわれています。この十兵衛の旅の過程が、五味康祐《ごみやすすけ》原作で映画化された『柳生武芸帳』や、山田風太郎の『柳生忍法帖』になっています。

大流行の北辰一刀流

江戸時代に士農工商の身分制が確立して、武士だけが「帯刀」という大小の刀を差すことが許されました。「名字帯刀」の家柄というのは、武士以外で功労のあった町人や大百姓に与えられた名誉です。江戸初期までは、一般の町人でも短い脇差は認められていましたが、やがて旅行や火事といった場合のみに許可されました。ちなみに「長脇差《どす》」は江戸末期に輩出した博徒が、幕府の禁止令を無視して差した二尺（約六〇センチ）以上の脇差で、これが渡世人やヤクザの代名詞になりました。

話を剣道に戻すと、刀が侍の身分の象徴となったこともあって、武士はたしなみとしてこれを使うための剣術道場に通いました。町道場もたくさんあって、町人も鍛錬を兼ねて剣術を習ったわけです。

幕末江戸での三大道場といわれたのが、斎藤弥九郎の練兵館《れんぺいかん》、桃井春蔵《しゅんぞう》の士学館、そして千葉周作の玄武《げんぶ》館です。

中でも名の知れた千葉周作は、小野派一刀流の技を伝承し、「北辰《ほくしん》一刀流」を創始、神田お玉が池に開いたのが千葉道場こと玄武館です。千葉周作は、剣術の修業を竹刀を使った技に体系化、初心者でも取り組みやすくして、三段階の目録を与えるやり方で人気を博しました。

ペリー騒動をきっかけに世の中がきな臭くなったことも相まって、町人も含めた多くの門人を集めました。坂本龍馬が入門したのは、周作の弟定吉の道場です。新選組の母体を生んだ清河八郎、さらには以後の隊員の山南敬助、藤堂平助、伊東甲子太郎といった人も北辰一刀流を学んだ志士です。斎藤弥九郎の練兵館《れんぺいかん》は神道無念流《しんとうむねんりゅう》で、門人には桂小五郎や高杉晋作といった長州勢が多い。

新選組といえば天然理心流《てんねんりしんりゅう》ですが、この流派は江戸から多摩地方に盛んに出張稽古に赴いて根付きました。天保時代、江戸牛込に試衛館《しえいかん》道場が開かれ、養子となって継いだのが近藤勇です。この天然理心流の特徴は、激しい気合いで対戦相手の戦意を喪失させる「気組」で、勇の下に土方歳三、沖田総司、井上源三郎らが師事し、後に他流派から加わった山南や藤堂、さらに永倉新八、斎藤一、原田左之助といったおなじみの面々も入門していきました。

江戸以外でも各地でそれぞれの流派の剣術道場があって、藩士が武士のたしなみの一貫として修業を積みました。中でも有名なのは薩摩の示現流《じげんりゅう》ですね。

明治の廃刀令で、腰に刀を差すという武士のあかしも消えたのですが、武道としての剣の技なり精神は受け継がれて、今に至っているわけです。チャンバラものをより知りたいなら、それぞれの流派が伝える秘伝や技を調べると、もっとリアリティが増すはずです。

其ノ拾弐

鍔鳴りはヘボ剣士のあかし　～侍スピリット

刀よりも銃、龍馬は変わり者か

チャンバラ映画に欠かせない刀、世界に名だたる日本刀についてのお話。

世界といえば、幕末期に初めて侍を見た外国人は、頭にピストルをくっつけて、腰によく斬れる刀を二本も差している武装ぶりに驚嘆、恐怖したとか。頭の方は独特の髪型（髷《まげ》）と分かりましたが、腰の刀を片時も離さない武士はさぞや得体が知れない生き物に見えたことでしょう。しかもいきなり斬られるかも、という恐怖以上に、ためらいもなく腹切り（切腹）してしまう侍は、アンビリーバブルな存在だったようです。

そうしたサムライばっかりだった中で、北辰一刀流免許皆伝の腕を持ちながら、坂本龍馬は高杉晋作から貰った（とされる）短銃を愛用しました。この嗜好は武士の精神からは外れていて、かなり変わった西洋的な合理性の表れかもしれません。新選組の近藤勇が名刀「虎徹《こてつ》」を求めて、心のよりどころとしたのと対照的です。

!?
あっぶな〜!
グサ

というのは、日本には戦国時代に鉄砲が伝来し、戦でも武器として大きな効力を発揮しました。けれども江戸時代に入ってからは、むしろ飛び道具である鉄砲を封印、刀（ならびに使う術）を侍の精神性や身分の象徴として、特別に扱ってきたからです。

鉄砲よりも刀のサムライスピリット

刀剣の歴史は古く、特に日本では武器としてだけでなく、御神宝、祈願奉納など、神に捧げる美術工芸品として極められたこともあります。刀匠と呼ばれる刀鍛冶が心血を注いで鋼を鍛錬し、研師によって研がれ、さらに鞘師、塗師、白銀《しろがね》師といった職人たちが拵え（刀装）を施して完成する総合芸術なのです。

通常、刀といった場合は下図の「打刀《うちがたな》」のことです。古代は「剣」で、反りがない直刀で両刃が多かっ

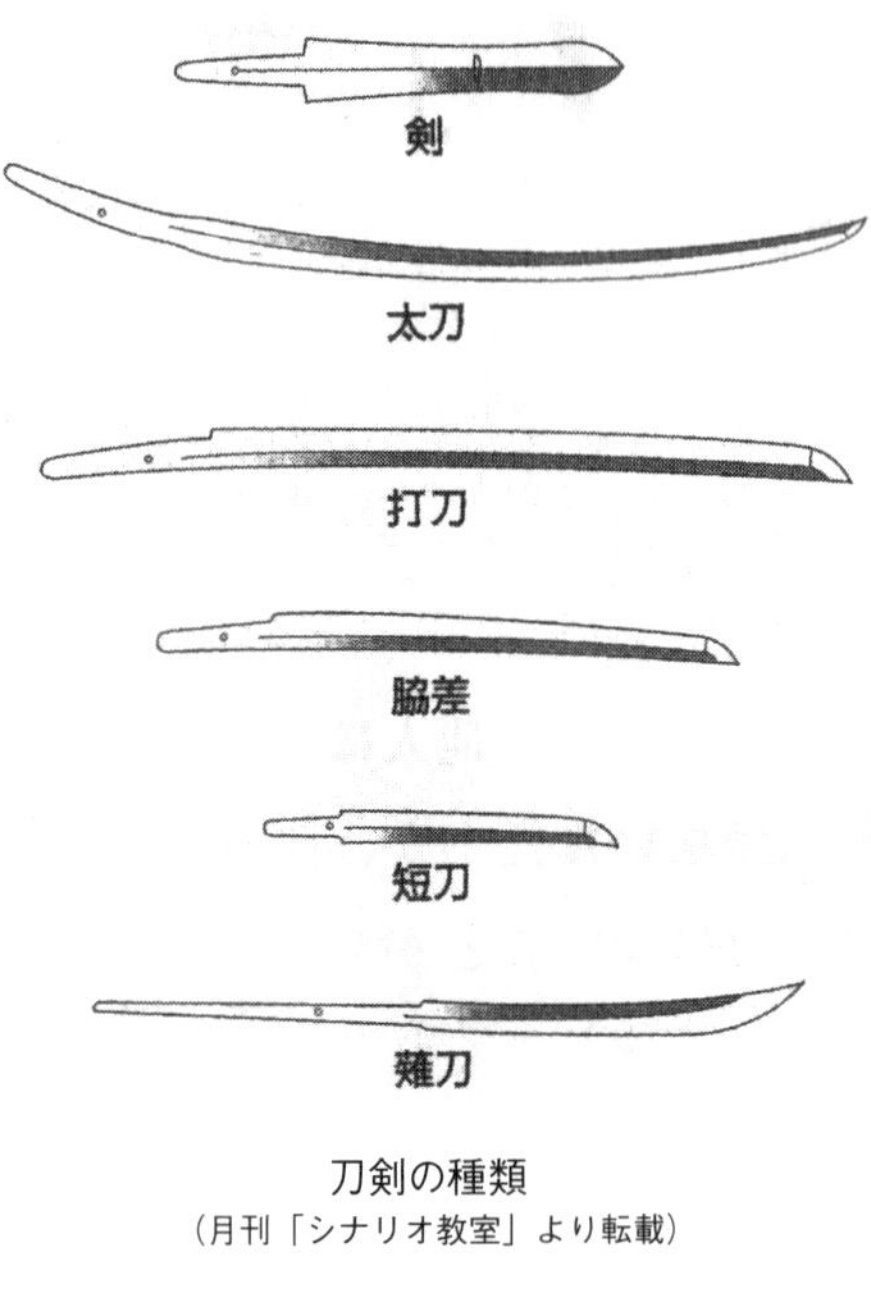

刀剣の種類
（月刊「シナリオ教室」より転載）

た。「太刀《たち》」は反りがついた片刃で、刃を下にして腰に金具や紐で吊しました。戦国時代になってこれが刃を上にして、腰に差す打刀に変わってきます。こちらの方が抜きやすく実戦的でした。はじめは刃渡り（刀身の部分）が二尺（六〇・六センチ）前後でしたが、しだいに刀身が長くなっていきます。「脇差」は一尺八寸（約五五センチ）以下の短い刀です。「短刀」は一尺（三〇・三センチ）以下の刀です。匕首《あいくち》、懐刀、懐剣といった言い方もあります。

　刀匠や拵師が名刀を生んだと申しましたが、もちろんあらゆる刀剣がそうだったわけではありません。室町時代以降、世相に合わせて粗製濫造の「数打ちもの」という刀が大量生産され戦に使われました。

なぜ村正は妖刀か？

　通常「古刀《ことう》」というと、平安中期から鎌倉、室町期までの刀を指します。備前《びぜん》長船《おさふね》、美濃《みの》兼元《かねもと》、伊勢《いせ》村正《むらまさ》といった多くの名刀工が輩出しました。慶長期（一五九六〜一六一五）以後に作られた刀を「新刀」といいます。江戸に入って天明元年（一七八一）から幕末、明治期までに作られた刀を「新々刀」と分けられます。

　日本刀は「折れず、曲がらず、切れる」が三要素で、このうち「業物《わざもの》」と称される刀は美しさだけでなく、試し切りをしてよく切れる実用刀を指します。こうした刀匠による名刀を持つことが、侍の最大のステータスでした。

ところで「村正」というと、妖刀という冠がつけられたりします。これは徳川家が見舞われた凶事が原因です。

ひとつ目は家康の祖父の松平清康《きよやす》が、寝ぼけた家臣に間違って斬られてしまい、その刀が村正だった。清康が受けた傷は、ただ一太刀ながら右の肩先から脇腹まで裂いていたといいます。二人目の犠牲者は、家康の父の松平広忠《ひろただ》が、乱心した部下に殺害された。この時の脇差がやはり村正。そして三人目が家康の嫡男信康《のぶやす》で、信康が武田に通じていると織田信長から疑われ、やむなく家康は信康を切腹させる。この時、信康の首を落とした介錯刀が（偶然にも）村正。

それに加えて徳川家と関係ないが、もうひとつ妖刀のイメージを決定づけたのが、歌舞伎の演目として人気を博した『籠釣瓶花街酔醒《かごつるべさとのえいざめ》』。これは享保年間に起きた「吉原百人斬り」を題材としているのですが、主人公の佐野次郎左衛門が持っていたのが「籠釣瓶」（籠で作った釣瓶のように、水も留まらぬ切れ味という意味）で、実は「抜いてしまうと血を見ずにおかない」という妖刀村正だった、という話でした。

青眼に構える前にやること？

刀、刀剣にまつわる用語をちょこっと解説。主人公（例えば剣之助）と相手（例えば悪太郎）とがチャンバラをする場面あったとして、どういう用語があって、どういう意味なのか？　知っているようで意外と知らなかったりします。

「剣之助と悪太郎は路地でバッタリ会うなり立合った」

　この「立合」。太刀と太刀で斬り合うが語源らしいので、間違いじゃないのですが、通常この言葉は、検分する立会人を用意した上で、時や場所を決めた兵法《ひょうほう》試合を行う場合に使うのだとか。出会い頭とかでいきなり「立合わない」わけです。

　ちなみに「兵法」というのは、本来は戦での戦術として使いますが、兵法者といえば剣術使いのことなので、武士が使う剣術と同義になりました。

「剣之助は鯉口を切って青眼《せいがん》に構えた」

　これも若干変。「鯉口」というのは、鞘の口が楕円で鯉の口に似ているところから。刀は歩いていて飛び出したりしないように納まっていますが、鍔を左手の親指で押して止めを解除し、右手で柄を握って抜く用意をすることが「鯉口を切る」という。敵に悟られないようにそっと切る「内切り」、相手を威嚇する意味の「外切り」、一度内切りして、人差し指で鍔を押さえる「控え切り」があります。鯉口を切って「刀を抜いて」から、としなくてはいけない。

　相手に対峙する時に剣道の試合でおなじみの「上段」「中段」「下段」の構えがあります。他にも「八相の構え」（身体を斜めにして右肩に寄せて刀を立てる）、「脇構え」（中段から右足を引いて刀を横に構える）なども。

　この五つが基本の構えの「五行」。「中段」が常の構えともいって一番オーソドックス。これが「正眼、青眼、星眼、清眼、晴眼」といった字を当てたりします。

峰打ちすると折れやすい

構えというと、流派によってさまざまな構えとネーミングがあります。新陰流の「上段霞の構え」、神道無念流の「平星眼」、一刀流の「地摺り星眼」、示現流の「蜻蛉《かげろう》」などなど。こういうのを人物に使わせると、実にかっこいいわけです。ざっと用語解説しておきましょうか。

「袈裟《けさ》懸け」…相手の左肩から右の脇にかけて斬り下げる刀法。右肩から左脇も同じで、実戦ではもっとも使われました。

「間合《まあい》」…自分と対峙する相手の距離。互いに一歩踏み込むと相手を斬れる間隔を「一足一刀の間合」といいます。

「居合《いあい》」…立合の反語で、とっさに刀を抜いて相手を斬る技。抜刀、抜合、抜剣ともいう。不意打ちなどに対する術として磨かれました。

「師範・師範代」…剣道に限らず芸道を教える先生が師範。剣道で道場を開いていれば師範であり道場主。師範が認め、代わって稽古をつける高弟が師範代。

「峰（棟）打ち」…相手を斬らないために、刀の背（峰）で打つこと。チャンバラではおなじみですが、実際には使われなかったそうです。というのは、刀は焼きを入れた刃は強靱ですが、峰は衝撃に弱い構造になっていて、そこで打つと折れる危険性が高いから。

「鍔鳴《つばな》り」…刀を抜いた瞬間や構えた時に鍔がチャリンと鳴る。チャンバラシーンの効果音でおなじみですが、これも本当は嘘っぱちです。

鍔が鳴るのは、刀を止める目釘がゆるんでいてちゃんと止まっていない、つまり手入れが届いていないという証拠。そんな刀は刀身が柄から抜けてしまうかもしれず、実戦では危なくって使えないのです。

「試し切り」…打ち首となった罪人の身体を使って、刀の切れ味を試しました。「据物《すえもの》切り」とも。胴や胸を両断できるか、もっとすごいのだと二つ死体を重ねて切る「重ね胴」もありました。有名な山田浅右衛門は罪人の首を刎ねる首斬り役人でしたが、この試し切りを依頼されて刀にお墨付きを与えました。

ここで述べたのは刀剣のほんのさわりです。知れば知るほど深い世界です。それゆえに〝刀剣女子〟を魅了するのでしょうね。

其ノ拾参

なぜ、お前さんは夜鷹になった？

～百花繚乱の夜

夜鷹は江戸のストリートガール

さてさて、時代劇の中でもかなりよく登場するけれど、ある意味特殊といえる職業について述べてみたいと思います。

まずは「遊女・夜鷹《よたか》」について。時代劇や時代小説でよく登場する職業性として、この「遊女」はかなりの人気を集めている気がします。江戸の遊女、いわゆる、娼婦、売春婦です。民族学的、社会学的には、売春は人類最初の職業ともいわれています。その考察はさて置いて、江戸でも女性が生きていくための、やむを得ない、もしくは手っ取り早い職業として続いていました。

江戸で最も高級な娼婦は、幕府公認の遊興地「吉原」で働く遊女で、一番は「花魁《おいらん》」でした。この吉原はしきたりが厳しく、階級や遊び方の手順、取り決めもあって、かなり面倒くさい。吉原についてはは次章で述べることにします。

この吉原がトップクラスの遊女だったのに対して、対局な娼婦がいわゆる〝夜鷹〟ですね。早い

ネェ～～
遊んでかない♥……

話がいわゆる街娼、ストリートガールになります。ゴザを抱えて白手拭いでほおかむりして客を取る。ただしこのスタイルは初期に顕著で、江戸後期は普通の格好だったともいいます。料金は時代で多少違ったようですが相場は二四文。蕎麦一杯が一六文ですから、その安さが知られますね。両国橋東、永代橋西、御厩《おんうまや》河《か》岸《し》、柳橋堤《やなぎばしつつみ》といった場所に多く出没したとか。

発行された夜鷹のガイドブック

夜鷹は最下等の娼婦です。稀に美人がいて話題になったりしたこともあるようですが、それはまさに稀だったから。多くは顔を隠す（なりの理由がある）、何らかの事情を抱えていて、暗闇で男を相手にしたわけです。

〝提灯で夜鷹を見るはむごいこと〟

なんて川柳もあります。それなりの器量なり若さならば、吉原は無理でも岡場所勤務でもっと稼げた。とはいえ、物見高い江戸では『東辻君花《ひがしつじぎみはな》の名寄《なよせ》』という夜鷹の細見（ガイドブックみたいなものですね）が弘化二（一八四五）年に出されて、名前や年齢、出没場所、さらには上中下のレベルまで書かれていたとか。よくまあ、そんなものが出せたものだと思いつつ、調べて書いた人間が誰なのかも気になりますが。ちなみに江戸では「夜鷹」ですが、京都では「辻君」、上方では「惣嫁《そうか》」と称したそうです。それぞれの都市のネーミングも情緒を感じさせますね。

夜鷹たちはどうやって出勤した？

拙著『面影橋まで』の一篇「夜鷹舟あわせ黒子《ぼくろ》」に、お妙という夜鷹を登場させました。この短編集の共通項は、江戸は水の都だったということから、江戸の河や水路を舞台とすることでした。夜鷹たちが男を誘って商売をしたのが、柳橋の土手だったり御厩河岸だったとして、彼女たちはどこに住んでいて、夜ごとにどのように出勤（？）していったのか？　ひとりでテクテク歩いていったか？……これがよく分からない。

いろいろと資料を調べていたら、「本所の吉田町や四谷の鮫ケ橋を隠れ家にしていた」と書いてある。夜鷹たちがまとまって住んでいた長屋みたいなのがあったらしい。さらに広重の『名所江戸百景』の「御厩河岸」という絵に、小舟に立っている二人の夜鷹と、その横に懐手をした男が描いてありました。これは夜鷹たちが本所側から、隅田川を横切って対岸の御厩河岸に渡るところだという。

なるほどそういうことか、と思い、夜鷹たちを仕事場に運ぶ舟の船頭を主人公として夜鷹の話にしようと決めました。船頭としてはまだ半人前の少年清太と、お妙という岡場所勤めができるほどの器量を備えている夜鷹が、壮絶な殺人事件に巻き込まれる物語。なぜお妙は夜鷹をしているのか？　実はお妙は、ある思いを秘めていて夜鷹をやっていて、清太が関わってしまう。ぜひお読み下さい。

ロマンチックな火鉢の見立て

夜鷹は分かりやすいストリートガールですが、他にも江戸にはいろんなスタイルの春を売る女たちがいました。

そのひとつが「舟饅頭《ふなまんじゅう》」、幕府による私娼の取り締まりが厳しくなると、春をひさぐ場所を舟に移した。夜鷹に比べると舟があるだけましですが、やはり下等とされた娼婦です。お千代という評判の遊女がいたところから、「お千代舟」とも称されたとか。主な活動場所は箱崎川永久橋の下。いわゆるポン引き役の男を、その時代は「牛《ぎゅう》太郎」といったのですが、彼が舟を漕ぐ船頭を兼ねていて、多くが亭主自身だったそうです。それはそれとしてかなりせつなくて、ドラマが描けそうです。

橋の上を通る男がいると、舟の舳先《へさき》にいる女が前に置いた火鉢にかんな屑を入れる。ボウと炎があがると女の顔が浮かび上がる。これが見立てとなって、男が灯に集まる虫みたいに客となる寸法。客を乗せると、舟が漕ぎ出していき、一廻りする間、浅い契りを交わすという仕組み。〝舟饅頭ちょっちょっと細い浪が打ち〟という川柳もあります。

暗い夜の川面に一瞬の見立ての火が女の顔を照らす。このちょっぴりロマンチックなシーンを思い浮かべ、その浮かんだ顔が、かつての叶わぬ恋の相手だったら？　という発想で書いたのが、『面影橋まで』のもう一篇「大つもごり雪花火」です。それも、火鉢に放り込むかんな屑が、ちょっと違っていて、花火のような色がついていたらどうだろう？　そこからタイトルにある「雪花火」となりました。一瞬の火鉢の見立てから、衝撃のラストへと続くのですが、これまたお読みいただけるとうれしいです。

百花繚乱の春を売る女たち

このほかにも、湯女《ゆな》、堤《さ》げ重《じゅう》、比丘尼《びくに》、けころ、飯盛女、男色の陰間《かげま》などなど、さまざまな売春婦（夫）がいました。これも時代ごとにはやりすたりがあったようで、湯女は銭湯で男の相手をした娼婦ですが、江戸初期の寛永期が全盛で、明暦になると幕府のお達しで廃業に追い込まれたとか。

著者が思い出すのは、深作欣二監督の『忠臣蔵外伝　四谷怪談』（一九九四年）で、佐藤浩市扮する主人公の民谷伊右衛門の女房となるお岩（高岡早紀）が、この湯女という設定でした。彼女の大胆な裸身だけでなく、江戸の湯屋があああした遊興の空間だったということも知って驚いた覚えがあります。今でいえばまさにソープランド。人間が考えることは昔も今も同じです。

実は鶴屋南北の歌舞伎の『東海道四谷怪談』でも、『忠臣蔵』の外伝とされているんですね。吉良邸討ち入り事件は元禄十五（一七〇三）年なので、その前の明暦に廃れたとしても、湯女を置いた湯屋があったことは不思議ではないわけです。

江戸にもあったコスプレ売春

提げ重は、餅や饅頭を入れた重箱を下げて、表向きはそれを売りながら、でも実は春を売って廻ったという私娼。

比丘尼は勧進の尼の姿で。今でいうコスプレでしょうか。

けころというのは、上野の山下近辺にいた私娼で、一見、茶店などの下女のように見せていた。表向きは芸者や下女だけど、「蹴転ばし」て、という意味が転じた名称だとか。ひどいものですけど、そういう時代です。

男色の相手をした陰間については、想像通りですが、ややこしいのに「若衆女郎」というのもいて、遊女がわざと若衆の格好をしたとか。

というように、ひとくちに遊女といってもいろいろでした。幕府公認の吉原に対して、非公認ながら娼婦と遊べるところがあって、それがいわゆる「岡場所」。最盛期には江戸には二百か所近い岡場所があって、数千人の私娼がいたといわれています。代表的な岡場所は、江戸四宿といわれた品川、新宿、板橋、千住に、新開地だった深川です。こういう場所には遊べたり泊まったりできる宿があって、そこが遊女を置いていたわけです。

其ノ拾四

男のワンダーランド吉原　～眠らない江戸

江戸のアミューズメント空間「吉原」

時代ものの職業として人気の高い「夜鷹」を皮切りに、いわゆる私娼あれこれについて書きましたが、しっかりと書いておかなくてはいけないのが「吉原」と、そこで働いていた遊女たち。

この吉原は結構、面倒くさくて、それなりに知らないと書けません。以前、新人が書いた時代劇に吉原が出てきたのですが、お殿様が吉原で遊ぶのに、駕籠で花魁のいる店（見世）の前に乗りつけて、という場面がありました。つい書いてしまいがちですし、時代劇でそんなシーンを観た気もします。でも岡場所の遊女屋さんなら駕籠や馬でも問題ないのですが、吉原の場合は間違いということになります。

吉原は浅草寺北側の田んぼの一画を、どぶと塀で囲って造られた当時としては江戸随一の（男にとってのですが）アミューズメント空間でした。入り口は大門《おおもん》と呼ばれる一か所しかなく、緊急のお医者さんの駕籠以外は、お殿様だろうと将軍様だろうと、大門の前までで、駕籠や馬では中には入れなかったのです。

ところで、突然ですが、千葉方面から高速道路で東京に入ろうとすると、湾岸にネオンに照らされたディズニーランドのきらびやかな空間が浮かび上がりますよね。一緒にしてはナンですが、まさに日常とかけ離れたアミューズ空間であることを示しています。

〝世の中は暮れて郭《くるわ》は昼になり〟

こんな川柳にあるように、田んぼの真ん中に出現した吉原という空間は、真っ暗な夜に（江戸時代は特に）まさに煌々と明かりがともる不夜城に見えたと思います。

太夫はトップレディ

ここで述べている浅草寺北側の遊郭は、正確にいうと「新吉原」です。その前は元《もと》吉原といって、もうちょっと市街地寄りの日本橋近くにありました。

それ以前に、どうして幕府公認の遊郭が生まれたのか？　簡単に辿ると、江戸ができた初期は圧倒的に男の都市でした。享保六（一七二一）年（ですから八代将軍吉宗や大岡越前の時代）の人口調査を見ると、男三十二万人に対して女は十七万と、約半数しか女がいなかった。これより前だと、もっと男ばっかりだったと考えられます。こういう社会だと、当然のように遊女、春を売る商売が自然発生していく。ようやく町並みが出来てきた日本橋界隈に遊女屋や、私娼的なものも発展してきた反面、風紀上の問題なども起きてきます。こうした風潮に、遊女屋の主をしていた

ちょいと…まだでありんすか…
ハイその……きちんとたたむよう厳しくしつけられました故……しばし……

（らしい）庄司甚右衛門という男が、幕府公認の遊郭を開いてほしいという嘆願書を出し、元和三（一六一七）年に日本橋葺屋《ふきや》町の土地に出すことが認められました。

今の日本橋から人形町に行くあたりだということですが、当時は何もない葦《よし》（アシ）が生い茂る一角で、葦原と名付けられたのですが、のちにめでたいという意味の「吉」に変えられました。幕府のお達しは、公認の遊郭とするからには、各町に散在する遊女屋を集めろという命でしたので、落ち着くまで大変だったようです。それでも女ひでりの江戸の町にあって、大繁盛しました。

寛永期に出された『あずま物がたり』という本には、「吉原における太夫七十五人、格子《こうし》三十一人、はし八百八十一、合計九百八十七人、家数百二十五軒」だったとあります。太夫、格子、はし、というのは遊女のランクのことです。

太夫は最高級の遊女で、和歌、俳句、能楽、謡い、鼓、太鼓といった技能に、囲碁将棋、茶やカルタ、花、さらには絵や書にも優れていたといいます。この太夫という称号はやがて消えて、花魁になります。

「遊女三千」の色の街

江戸の町がどんどん拡大して発展していくと、元吉原も市街の中心になっていきます。それが明暦の大火などもあって、浅草裏へ移転されることになりました。当初は田んぼの真ん中のあまりの田舎で、関係者たちは暗澹たる思いになったようですが、逆に遊園地的なアミューズメント空間として際立つことになります。

当初、客は馬で来たりしましたが、それが禁じられると、隅田川を船で山谷《さんや》まで来て、日本堤を駕籠で飛ばして、やがてテクテクと歩いて、というスタイルが定着しました。大門の手前に〝見返り柳〟があって、これも名物とされました。

吉原が発展したのは、初期には大勢の大名家が、贅沢にお金を落として豪遊したことと、それから紀文《きぶん》こと紀伊国屋文左衛門や、奈良茂《ならも》こと奈良茂左衛門といった材木屋に代表される政商が、吉原を利用して自身を売り込むための遊びをしたことがあります。つまり、今でいう社交場的な場所でもありました。

やがて、新吉原は俗にいう「遊女三千」を中心に、彼女たちのいる妓楼で働く人たちや、日用雑貨や食品、本を売る店、質屋、銭湯、職人、芸人たちが住んだり、日常的に働いていて、人口一万人くらいのひとつの町になっていきました。

『さくらん』と『吉原炎上』の極彩色世界

もちろん遊女たちは買われた身分ですから、大門を出入りする自由は与えられていません。妓楼の主から許可を得た上で、通行切手をもらわないと大門は潜れませんでした。

安野モヨコ原作コミックで、映画化された蜷川実花監督の『さくらん』（二〇〇七年）では、土屋アンナ扮する花魁が、男と会うために男装して抜け出して見つかって、という場面がありました。吉原の華やかな極彩色世界をヴィジュアルとして見るには、この『さくらん』や、五社英雄監督、名取裕子主演の『吉原炎上』（一九八七年）がオススメ。

『吉原炎上』は明治期の吉原遊郭が舞台ですが、まだ江戸の匂いが残されていますし、吉原のセットが見事に再現されています。タイトルのように、クライマックスは吉原を焼き尽くした大火です。実際吉原は何回も火事に遭っています。

『さくらん』の主人公のきよ葉は、八歳で売られてきて最初は「禿」になります。「花魁」はトップランクの遊女ですが、この花魁（姉女郎）に仕えて身の回りの世話をしたのが禿。その間に接客法などを教え込まれ、見込みがあると（引込みという）、前述のような行儀作法、書道、お茶やお花、和歌、古典など高い教養を英才教育によって身につけました。十三、四歳になると衣装や髪型が変わる「新造」で、十七、八歳で一人前の遊女としてデビューしました。

遊女のあかし〝ありんす〟言葉

自由がないとはいえ、花魁は、当時のトップアイドル的な存在で、浮世絵になったりして、髪型やファッションが流行になりました。遊女の名前やランク付け（揚げ代）のガイドブックとして出されたのが「吉原細見」です。

夕方になると自分たちがいる遊女屋から、仲の町にある引手茶屋に出勤したのですが、これが「花魁道中」というパフォーマンスです。お客はこれを見物したり格子越しに見立てたあと、茶屋で花魁とお酒や食事をして商談が成立すれば妓楼に戻ってお床入りとなりました。

トップスターの花魁と遊ぶには、茶屋での手続きを経たり、その費用も負担したりしなくてはならないので吉原遊びは面倒です。それも花魁に「あのお方は嫌でありんす」と拒絶されることもありました。ちなみにこの「ありんす言葉（里言葉）」は、地方出身者の訛りを隠すために生まれた吉原特有の話法。

馴染み客が奥さんやお妾にするために、遊女を請け出すのが「身請け」。大見世の花魁だと千両くらい必要だったとか。もちろん花魁になれたのは三千人のうちのわずかです。

京伝の二人の妻は元吉原の遊女

なにしろ、一級の教養を身につけ、美貌に磨きをかけたトップアイドルの遊女ですから、身請けをして奥さんにするのは男にとっての夢のまた夢でした。前述の「幾代餅」なんていう噺は、まさに夢物語だったわけです。

当時の文化人も遊女を身請けしています。拙著『しぐれ茶漬〜武士の料理帖』の「鮎の塩焼き」で、マルチアーティストだった山東京伝を登場させましたが、彼は散々遊んだ末に、最初の妻も二番目の妻も、吉原の遊女を身請けして妻に迎えています。ですがそうしたトップクラスの遊女はごくわずか、多くは段取りなんて無用で男たちの相手をする遊女たちです。

廓の東西には「河岸《かし》」と呼ばれる安く遊べる遊女屋もあって、ここでは借金が返せないまま客のつかなくなった遊女や、最初からこうした見世に売られた女もいました。

「生きては苦界、死しては浄閑《じょうかん》寺」

とうたわれたように、遊女として身体を売って生きてきた末に、死ぬと浄閑寺という俗にいう投げ込み寺に葬られたという意味です。遊女の多くは、親や夫の借金のために吉原に身を売られ、病気になっても満足な治療も受けられずに、死ねば墓もなく、掘った穴に投げ込まれた。浄閑寺はそうした寺のひとつでした。

年季ましても食べたいきんつば

前述の「鮎の塩焼き」の山東京伝が、遊女を妻としたというのは事実ですが、同じ私の短編集の「きんつば」は、もう一方、河岸の哀れな遊女の物語としました。ちなみに「きんつば」というお菓子は、江戸末期に生まれて流行ったのですが、

〝年季ましても食べたいものは土手のきんつばさつまいも〟

という都々逸があるように、吉原堤で売られ遊女たちに好まれたという逸話に基づいています。

もう一篇、まったくのフィクションですが、『猫でござる一』の「あちきは猫でありんす」では、幕末の絵師歌川国芳を登場させました。まだ売れっ子になっていなくて、くすぶっていた頃の国芳。贔屓にしている吉原の中見世（真ん中レベルの遊女屋）の遊女、浮雲が飼っている猫のあちきの一人称（漱石先生の「我輩は～」のスタイル）で語ります。とても可哀想な生涯なのですが、

浮雲姉さんの国芳を思う純情が、のちの売れっ子絵師と、もうひとつ愛猫家国芳を誕生させた、というホラ話です。

ややこしい吉原ですが、関連する歴史書、専門書はたくさん出ています。入門書としては『図説・浮世絵に見る江戸吉原』（河出書房新社）や、三谷一馬著『江戸吉原図聚』（中公文庫）がオススメです。またその世界や基本を知るにはコミック『さくらん』や、吉原を舞台にした小説、隆慶一郎『吉原御免状』、松井今朝子『吉原手引草』など。さらに実在した花魁が記した日記を復刻した森光子『春駒日記　吉原花魁の日々』（朝日文庫）を読むと自然に親しむことができます。

其ノ拾五

チョキっと乗りたい猪牙舟　～水の都、江戸

「水道の水で産湯を使い」の江戸っ子

江戸は水の都だったというと、今は想像もつきません。真ん中に隅田川がとうとうと流れていたり、神田川や江戸城（皇居）周辺のお堀、さらには日本橋あたりに面影はあるものの、まさに面影。その日本橋の真上を高速道路が走ったり、ほとんどの川や運河、水路が埋め立てられ、アスファルトの蓋で被われてしまっています。

とはいえ、かつての江戸はイタリアのベニスどころではない水の都でした。その証拠に当時の風景画、例えば広重の浮世絵『名所江戸百景』などを見ると、ほとんどの絵に水が描かれています。江戸湾、隅田川の各名所はもちろん、池やお堀、小川、上水、橋、河岸《かし》、行き交うさまざまな舟、雪景色の木場、春の土手の桜、夏の花火などなど、青々とした水のある風景と共に江戸の人々が生きていたことが窺えます。

こうした失われた江戸の水景を懐かしみ、水と共に生きていた人たちを描きたいと思い書いたの

…ったく
せわしねえ
舟だなー
くるぶしまで
水が……
旦那!
もうちーと
早くしねえと
沈んじゃいやす…

が、たびたび引用している拙著の『面影橋まで』です。七篇の短編どれもが、水の景色を背景に展開する物語です。どのくらい水の匂いがするでしょうか？

水運が江戸経済の要

さて、「帝釈天で産湯を使い、姓は車、名は寅次郎」と言うのはご存じ『男はつらいよ』のフーテンの寅さんの口上ですが、「おいら江戸っ子、水道の水で産湯を使ったお兄いさんだぜ」というのは、当時の江戸っ子の自慢の口癖だったとか。これは江戸の町が水道の整備で生まれたことを語っています。

江戸に入った徳川家康が、人が住める町とするためにまず手をつけたのが水路の整備でした。当時は物資を運び入れるためにも水運が欠かせませんでした。米、酒、油、木綿、紙、石材、食料品など、日常的に使う物資のほとんどが、東北や西国から大型の千石船などで運び込まれました。

「下らない」というと、つまらないとかダメという意味ですが、上方《かみがた》から来る酒を「下り酒」といって、いい酒の代名詞でした。その反対にどこから来たか分からない酒を「下らん酒」で、「下らない」となったとか。酒に限らず下りものが江戸では重宝されたんですね。

このほか南廻りでは、相模灘や房総半島からの押送《おしお》舟で海産物が日本橋の魚市場に来て、関東一円からは利根川や荒川を抜けた川舟が野菜や味噌といった各地の物資を運んできました。

行徳《ぎょうとく》（千葉県市川市）から塩を運ぶために、利根川から江戸の主流である隅田川まで通じる小名《おな》木《ぎ》川や竪《たて》川の水路が深川に掘られました。さらに南北に横川、横十間川《よこじゅっけんがわ》、北十間川、仙台堀などの水路もできて、深川や本所は水郷地区として生まれ変わりました。今もそのまま残されている水路もあります。

整備された江戸の水道

深川の発展より前、江戸城の普請のために堀が掘られ、日本橋川として延長されて日本橋や京橋が架けられました。さらに水の便が悪かった江戸で人が住めるようにするために、神田上水が整備されます。

神田川と内堀、外堀を渦巻き状に濠として繋いで、城をぐるりと囲む構造で武家屋敷、その周囲に町人町が誕生しました。神田上水に続いて、玉川上水、三田上水、千川上水などが作られ、そこから木樋で枝分かれして井戸に入るように町を整備していった。つまりこれが産湯として使われた江戸の水道のことです。

隅田川は下流の方は大川とも呼ばれ、平安時代に書かれた『伊勢物語』でも登場するほど昔から流れる川でした。八代将軍吉宗はここに桜堤を作り春の名所となります。最初に上流に千住大橋が架けられ、明暦の大火のあとで両国橋が、続いて新大橋、永代橋、大川橋（吾妻橋）の順に四つの橋が架けられました。

両国橋の広小路は屈指の盛り場となり、薬研《やげん》堀や柳橋も名所として親しまれるようになります。

それ以外にも渡し船が隅田川の西と東を行き来していました。隅田川はきれいな川で魚や海苔もとれて江戸っ子に欠かせない川でした。水のせせらぎ今いずこです。

屋形船と屋根舟はどう違う？

〝水の都・江戸〟となると、当たり前のように行き来していた舟の話。

一番大きかったのは、外洋を航行して江戸に物資を運んで来た千石船（弁才船）や、菱垣《ひがき》廻船、樽廻船といった大型船。さらに江戸人が足代わりだったり、遊びのためにごく普通に使った用途別の舟がたくさんありました。

浮世絵にはいろんな舟が描かれていますが、中でも川開きの花火見物は舟のさながらラッシュアワー。「さあ、花火見物で一杯」と繰り出した屋根舟の連中に、うろうろ舟と呼ばれる物売り舟が酒肴を売って廻ったり。屋根舟は時代劇でもおなじみですね。今でも隅田川などで宴会用で航行されていますが、こちらは屋形船と呼ばれています。

両者をごっちゃにしてしまいがちですが、屋形船と言った場合は本来、江戸初期には御座船といわれた屋根付きの大型船です。大店の名前が入ったり、大名が利用したりしましたが、幕府の規制が入って、次第に小型化して屋根舟になります。

屋根舟は船頭以外に屋根の中の座敷だと、二人で差し向かいになるくらいの広さで、男女の密会用にも使われました。本当は江戸時代では障子は禁止されていて、簾《すだれ》で隠すようになっていました。ですから、何十人も乗れる大型船が〝屋形船〟で、池波正太郎作『鬼平犯科帳』とかで川を行く小型の屋根付き舟は〝屋根舟〟です。

志ん朝版の舟の乗り方

落語に「夢金」という欲深い船頭の熊が登場する噺があります。この熊が大雪の夜に嫌々出すのが（屋形船ではなくて）屋根舟です。その船頭の熊が、浪人者と妹の二人連れの客を、冬の寒い夜に舟に乗せる。

古今亭志ん朝さんの「夢金」では、熊が雪の降る中、ぽっくり下駄の娘の手を取って、桟橋まで導き、舟に乗せる様が目に浮かぶように語られます。以下CDからの書き起こし。

「そこ障子が開いてますから乗っておくんなさい。あっ、おっとっとと、ダメですダメです。屋根舟にね、頭から乗ろうったて乗れませんよ。頭から乗ろうってと、みんな簪なんか川ん中に落っことしちまうんだ。堀の芸者衆なんて、舟の乗り降りの稽古するくらいで。乗りようがあるんです。といって、それほど難しいこっちゃねえんです。足の方から入るんです。そういったって分かりやせんね。いやあのね、着物の裾を足の間に挟んじまうんです。膝頭でしっかり押さえといてね、屋根裏に手えかけて、グッと伸び上がって足の方からスッと入るんですが……」

というくらいに細かい。さらに舟が出るところ……。

「船頭も蓑笠で支度をいたしまして舟に乗る。もやいを解いて竿をグッーと張るととたんに〝ご機嫌よろしう、またどうぞ〟というんで、船宿の女将が舟の小縁をちょいと突き出すのが、なんの足しにはなりませんが、まことに愛嬌のあるもので。舟は竿から櫓に代わりまして、堀を出て大川へ。雪はますます激しくなりまして、綿をちぎってぶつけるように」

この船宿の女将が舟の縁をちょいと押して、という送りの仕方は約束事で、まさに江戸情緒のひとつでした。

川が演出の色っぽい船宿

屋根なんてついていなくて、もっと小型でタクシーのように使われたのが猪牙舟《ちょき》です。長吉という男が考案したからとか、舟の舳先が猪のようだからとか、諸説あります。『鬼平犯科帳』で、長谷川平蔵が、密偵の小房《こぶさ》の粂八《くめはち》が漕ぐ猪牙舟に乗るシーンでおなじみです。二挺櫓仕立ての高速舟もあって、急ぎの時に使われたとか。

猪牙舟が登場するおなじみの落語というと「船徳」。道楽が過ぎて勘当された大店の若旦那が柳橋の船宿に居候をしていて、いなせな船頭になりたいと言い出す。まるで素人だけど、徳と名乗って、たまたまやってきた二人連れを舟に乗せて漕ぎ出してはみたものの……。この噺を聞くと、船頭にいかにプロフェッショナルな腕が必要だったかが分かります。「夢金」同様にぜひ聴いてみて下さい。

こうした噺に登場するのが船宿ですが、これは河岸に面した主に二階建ての宿で、川縁に屋根舟や猪牙舟を停めていて、客の求めに応じて舟を出していました。屋根舟が移動式の個室になっただけでなく、二階にも座敷があって芸者さんを呼んで宴会を開いたり、ここも男女の密会用に提供したりしていました。とても色っぽい商売でもあったわけです。

船宿があったのは上記の山谷堀、柳橋などは有名で、他にも元柳橋、神田川、江戸橋、箱崎、八丁堀、霊岸島、大川端、小網町、京橋河岸、両国橋、浜町河岸などなど。船賃は柳橋から山谷堀まで、船頭一人で三〇〇文、二人乗りだと四〇〇文、屋根舟になると一人船頭で六〇〇文で、これに祝儀として一〇〇文くらいを船頭に渡したとか。

江戸の交通機関というと駕籠を思いますが、実は縦横に水路が張り巡らせてあった江戸の移動手段として、こうした舟はおなじみでした。時代ものには欠かせない水景と舟です。

其ノ拾六

江戸必携ガイド
～『江戸名所図会』&『熈代勝覧』

観光ガイドブック

先に熱く語りましたように、「捕物帳」というスタイルを作り、日本のミステリー小説の嚆矢となったのが岡本綺堂の『半七捕物帳』。明治生まれの岡本綺堂は病床にあった時に、江戸の地誌である『江戸名所図会』を読みふけって、江戸へと思いを馳せ、それが『半七』を書く大きな動機になったということです。

この『江戸名所図会』は江戸を知るための入門書、ガイドブックとしても優れていますので、改めてご紹介しましょう。

江戸後期に神田の名主であった斎藤家が三代、三十年に渡って書き継ぎ、天保五（一八三五）年に刊行された、江戸の名所を紹介した本です。当時の絵師、長谷川雪旦《せったん》の細密な挿絵がついていて全七巻二十冊、まさに江戸の観光ガイドブックの役割を担っていました。江戸市中から武蔵の国まで約千か所が紹介されています。当時、江戸見物に諸国から来た人たちがこの本を片手に名所を巡

江戸名所図会

りましたし、江戸土産としても重宝されました。挿絵と案内文を読みながら、大都市江戸へ行った気になったのです。

　私が持っているのは、古本屋さんで見つけた昭和五十年刊行の角川書店版の全三巻ですが、現在はちくま学芸文庫から全六冊と、別冊として「江戸名所図会事典」などが出されています。江戸期に書かれた文章ですが、けっして難しくありません。例えば今でもそのまま地名として残る、「駿河台　昔は神田の台と云う。この所より富士峰を望むに掌上に視るがごとし。故にこの名あるといへり。」といった具合です。

川縁にいる読み売りが…

　そのまま復刻された上記の本だけでなく、まず入門書としておすすめなのは、川田壽《ひさし》著『江戸名所図会を読む』とその続編（東京堂出版）です。いくつかの挿絵を取り上げて、そこに描かれている場所や

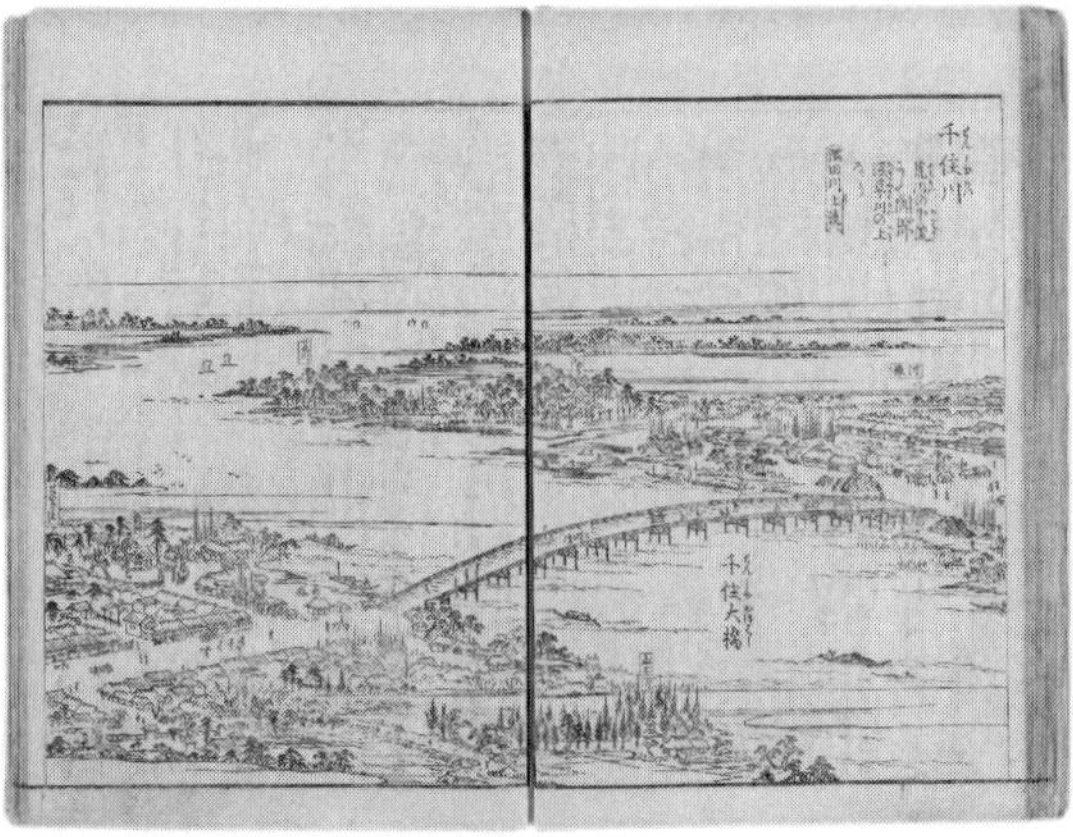

千住川　江戸名所図会（国立国会図書館デジタルコレクションより）

人々、事物について、著者が綿密な解説を加えています。

例えば、「今川橋（千代田区・今川橋交差点）」という講では、俯瞰で見た短めの今川橋を行き交う人たちと、その先にたくさん並ぶ瀬戸物屋さんの店先が描かれています。この橋の両側には、瀬戸物問屋が軒を並べていたという解説。それだけではなく、通りの片隅の人だかりについてもかなり詳しい。引用すると、

「右手の方で人だかりがしている、どうやら〝読み売り〟を囲んでいるらしい。瓦版を読むのを周りで聞いているのは、町人もいれば、侍もまじっている。読み売りはたいてい二人連れであって、瓦版の中の主なさわりを独特の節で聞かせて売り歩いた。」

この脇に『絵入江戸行商百姿』（近世風俗研究会刊）から抜粋した「読み売り」二人の絵もついています。

日本橋の三ツ橋から何が見えた？

時代ものをより深く知りたい方にこうした本をおすすめするのは、江戸の空気や当時の人の息吹をできるだけ感じてほしいから。もちろん、我々書き手の資料としても役立ちます。池波正太郎も、

「私のように時代小説を書いているものには、名所図会中の一枚の絵から、一篇の小説の発想を得ることもある。見るといえば、この『江戸名所図会』ほど頻繁に見る書物はない。見るたびに新しい発見をするし、毎日の仕事のためにも、一日に一度は、ひらいて見る。」

と『小説の散歩みち』（朝日文庫）というエッセイの中で書いています。

池波先生の手法をマネしたといっていいのですが、私もよく利用しています。例えば、既出した『面影橋』中の短編「楓川人《かえで》がた流し」の着想は、『江戸名所図会』の「三ツ橋」に添えられた絵から得ました。日本橋を流れる二つの川が、十字に交差した景色を俯瞰で描いた絵ですが、川がクロスしたところに三つの橋が架けられています。ひとつの川下には橋がありません。

三つの橋は、牛草橋《うしくさ》、真福寺橋（白魚橋とも）、弾正橋《だんじょう》で、切絵図の「日本橋南之絵図」で確認すると、なるほど三つ架かっています。でこの弾正橋の下を流れる川は、楓川という風流な名前で、お城側の日本橋の本材木町の通りと、五つの橋で東側の本八丁堀町を分けています。

この三ツ橋の絵と切り絵図を眺めていて、もし本材木町に住む人が、「この楓川に架かる五つの橋を渡ってはいけない」としたらずいぶんと不便だろうな？　と思いました。そうした家訓があったとしたら、それはなぜだろう？　そのｉｆと、三ツ橋のひとつから、別の橋の上にいる不思議な人の行動が見えたら？　ここからでっち上げた戦慄（？）の因縁話が「楓川人がた流し」。このように、江戸切絵図と合わせて親しむことで、より江戸感覚が生まれますし、江戸のリアリティと江戸情緒が得られるはずです。

江戸のメインストリート日本橋

『江戸名所図会』はよく知られた当時からのベストセラーでしたが、それとは少し視点を変えた日本橋の資料をご紹介しましょう。

数年前、東野圭吾さん原作ミステリー『麒麟の翼』の映画が公開され、舞台となっている日本橋がブームになりました。加えて再度の東京オリンピック開催も契機になって、前回のオリンピック時の突貫工事で、なし崩しに破壊された日本橋の景観を取り戻そうという再生計画も進められているようです。とにかく文化財をないがしろにする戦後の都市化計画で、日本橋をまたいで高速道路を通してしまい、今の無残な姿になっていますが、麒麟の像のある石橋は明治に架けられた由緒あるとても美しい橋です。

江戸時代から日本橋は五街道の基点とされました。江戸城の東方、船便の要衝の地であり、魚河岸もあって大変な賑わいだったと伝えられています。

『江戸名所図会』でも、日本橋川を舟が行き来する様や、橋の上を埋め尽くした豆粒のような人、さらに魚市の賑わい、三井呉服店のあった駿河町の大通りなどの絵が載せられています。こちらは俯瞰図ですが、この日本橋の大通りに視線をズームして、町並みだけでなく江戸の人々の姿を、もっとイキイキと見せてくれるカラー版の絵巻物が『熙代勝覧《きだいしょうらん》』なんです。

今世紀にお披露目された日本橋絵巻

実はこの画期的な（私は国宝級だと思います）巻物『熙代勝覧』が世に出たのは、比較的最近のことです。ドイツの民家の屋根裏部屋にあった絵巻が、ベルリン東洋美術館に寄託されたのが前世紀末。当初中国の絵と思われていたのが、その後の調査で、文化二（一八〇五）年の日本橋通りが克明に描かれたものと判明しました。そうした過程を経て、ようやく二〇〇〇年に日本にも紹介されました。

この絵巻は『熈代勝覧・天』とあって、長さは約一二メートル三〇センチ（図の部分は一〇・五五メートル）。神田今川橋から始まって、日本橋までの大通りの西側が描かれています。おそらく東側や京橋までを描いた対となる「地」の巻、さらには「人」の巻もあったのでは、と言われています。どういう経緯でドイツに渡ったのかも不明なままで、残りが見つかれば一層の大発見なのですが。

題字を描いたのは、印から当時の書家の佐野東洲《とうしゅう》と分かっていますが、絵を描いた絵師は不明。一時東洲の婿養子となった戯作者山東京山の兄で、浮世絵師でもあり戯作者の山東京伝ではないかといわれています。

原画は二度里帰りしていて、私は二〇〇六年に三井記念美術館で公開された折に対面し、大興奮のあまり数時間かけて何度も繰り返し見ました。幸いなことに、現在は地下鉄「三越前」駅のコンコースに、一・四倍の壁画となって設置されていて、どなたでも無料でご覧になれます。日本橋近辺にお越しの際にはぜひ立ち寄られてみて下さい。また、ムック本「活気にあふれた江戸の町『熈代勝覧』の日本橋」（小学館）も出ています。

よくぞ数えた千六百七十一人

この絵巻物に描かれているのは、人物千六百七十一人（うち女性は二百人余り。当時は人口比としても、出歩く女性も少なかったことが分かる）、犬二十匹、馬十三頭、牛四頭、鷹二羽、猿一匹とのこと。通りに軒を連ねている商店の暖簾や看板から、当時の大通りの商店の店構えが分かります。路上には露天の屋台や売り子たち、職人もいて江戸の商売事情も窺えます。

働く人ばかりでなく、昼間からいる酔っぱらいや、喧嘩している男、手代と下女を従えたお嬢さんを冷やかしている若者たち。また、季節の風物である雛市や、かけ声まで聞こえてきそうな魚河岸の魚屋や八百屋の店先などなど。特に日本橋の魚河岸近辺の大混雑ぶりは凄まじい。

この絵巻を眺めていると、平和な江戸の一番華やかで爛熟期といえる文化年間に、江戸の住民はもちろん、江戸に出てきた人、出ていく人たちの息吹が感じられます。岡本綺堂先生や池波正太郎先生がご覧になったら、何とおっしゃったか、聞いてみたいと思いました。

其ノ拾七

江戸四宿で遊んで旅立ち　～旅は気ままに

遊びの空間であった江戸四宿

江戸の水路や船の話をしましたので、陸路に移動しましょう。

お江戸日本橋を起点として、東へ西へと街道が整備されました。メインとされたのがいわゆる五街道です。もとから中心となって機能していた上方の京都大坂へと向かう東海道、山よりの路を行く中山道、北上する日光街道と奥州街道、そして甲府へと抜ける甲州街道の五つです。

「お江戸日本橋七つ立ち」は、夜明け（六つ）より前の未明に出発する意味でしたが、旅人が最初に足を休める宿場が江戸四宿《ししゅく》でした。東海道は品川宿、中山道は板橋宿、日光街道と奥州街道が千住宿、甲州街道は内藤新宿。逆に江戸に入ろうとする旅人にとっては、この四宿が玄関口となりました。

これら四宿は日本橋からほぼ二里（約八キロメートル）から二里半の距離でした。夜明け前に日本橋を出発すると、数時間で着いてしまいますから、江戸を出る旅人が泊まることはまずありませ

「あっしには、
かかわりあいのないことで
………」

親分!

ん。江戸に来る旅人はここで一泊し、旅の疲れを癒しつつ支度を調えて江戸入りする客が多かったといいます。

街道の各宿場は旅人目当てで、飯盛女と称する遊女を置くことが認められていましたので、四宿も宿場というより遊興の場として栄えました。旅人ばかりではなく、わざわざ羽目を外しに出向いてくる江戸っ子もたくさんいました。

品川宿の再現『幕末太陽傳』

その代表、品川宿の賑わいや当時の雰囲気を感じるには、最近デジタルマスター版としてＤＶＤなどが再発売された川島雄三監督、フランキー堺主演の『幕末太陽傳』（一九五七年）をご覧下さい。繁華街としての品川宿の町並み、システムや客たちが実にイキイキと描かれています。

この映画は、落語の演目「居残り左平次」をメインに、「品川心中」「お見立て」「三枚起請」といった廓噺《くるわばなし》を巧みに織り込んでいます。こうした題材の活かし方の見本のような傑作時代劇ですので、落語も合わせてお聞きになると江戸の風俗や風習がタイムスリップみたいに感じられます。左平次を演じるフランキー堺は、本当に江戸から太鼓持ちが抜け出したようです。加えて左幸子や南田洋子の演じる遊女も魅力的です。

品川宿に戻ると、ここは四宿の中でも飯盛女の数が最も多く、川崎大師や江ノ島、大山詣に行く客の拠点、さらには潮干狩りや、初日、月見といった行楽客も集めて賑わいました。

板橋宿にラクダが滞在

内藤新宿も大いに栄えましたが、風紀の乱れがはなはだしくなり、享保から明和にかけて、五十四年も宿場の免許が取り消されたこともありました。

新宿というと今では大都会ですが、当時の新宿を感じさせるのは、浮世絵は広重の『名所江戸百景』の「四ッ谷内藤新宿」でしょう。前面に馬の足とその落とし物を配していますが、当時流行った〝四谷新宿馬糞の中で、アヤメ咲くとはしおらしい〟という潮来節《いたこぶし》の替え歌を踏まえているとか。このアヤメとは遊女のことを指しています。

板橋宿は石神井川に架かった橋から命名され、中山道を使う旅人で賑わいました。もうひとつ、延宝期（一六七三～）に、加賀藩前田家の江戸下屋敷が板橋宿平尾に置かれたことも板橋宿が整えられたきっかけになったようです。文政六（一八二三）年には、見世物のラクダの雌雄二頭が中山道から下ってきて、ここの脇本陣に滞在、近隣から見物客が集まり大騒ぎになったとか。

千住宿は江戸開府早々に掛けられた千住大橋と共に発展しました。松尾芭蕉が『奥の細道』の旅に出る際、深川から船で隅田川を上り、千住宿から第一歩を踏み出したことでも知られています。その時の矢立の句が〝行《ゆく》春や鳥啼《なき》魚の目は泪〟。

こうした四宿から実質の旅がスタートしたわけですが、時代ものを読んだり、書いたりしようとする際に、一番入りやすい設定がいわゆる「旅もの」でしょう。主人公に旅をさせ、街道（道）や宿場（旅籠など）を舞台とすることで、細かい時代考証を踏まえなくても入っていけます。

あっしは旅人でござんす

そうは言っても「江戸の旅」について、知っておいた方がいい基礎知識というのもありますので、おさらいしておきましょう。当時の旅の仕方や、いわゆる「道中もの」についての知識、時代考証とかを知っておくと、より楽しく旅に参加できるってものです。

その前に、時代もの、時代劇といっても、どの時代とするかで、旅だけでなく生活ぶりも違いますね。平安時代や戦国時代、江戸、幕末というように、それぞれで時代背景や風習も当然違ってきます。読者は時代小説とかを手に取って、「ほう、戦国時代の信長と闘った○○の話か」とか「江戸時代の侍のチャンバラものか」みたいに入っていきますね。それでオーケーですが、書く方は（当たり前ですが）そんなに簡単じゃなくて、それなりに気を遣います。

例えば、主人公が飯を食うシーンを書いていて、この時代にはこんな食い物あったかな？　みたいな疑問が起きると、当時の料理書などを一応調べてから食べさせる。そこでいい加減に書いてしまって、本になってから「この時代にはこんなことはありません」というような指摘がされると結構恥ずかしいし落ち込みます。

ともあれ、一番多く描かれ、読者、観客、視聴者もなじみのある江戸時代も、町人を主人公にした「市井もの」とするか、武士の世界を描く「武家もの」とするかで違ってきます。それぞれの生活ぶり、しきたり、口調といった細かいディテールは無視できません。

それはそれとして、町人であれ侍であれ、旅に出してしまうと、主な舞台は道中にしたり、行った先の宿場や村、町としてしまえますので、詳しい時代考証はさほど気にせずに書くことができるわけです。

旅を続けてある空間に来る

ところで、物語の一番の基本のカタチは「旅もの」です。映画でいえばいわゆる「ロードムービー」。日本ならば古くは『伊勢物語』で、在原業平様が、都から武蔵の国（まさに江戸界隈）まで旅をする話でした。江戸時代に大ベストセラーとなった『東海道中膝栗毛』は、ご存じのように弥次さん、喜多さんのデコボココンビによる珍道中です。

このように「旅もの」は、主人公が何らかの目的なりを持って旅をする。その過程で人物や出来事と遭遇して、それを解決して旅を続ける、もしくは目的地に到達するという、シンプルなスタイルをとります。

もうひとつ、物語の基本のカタチとして「空間限定」があります。ある町とか場所に主人公がやってくるところから物語が始まり、その空間内の人物と会って、起こった事件を解決し、空間を出ていくことで終わります。まずはどういう空間にするかを決める。

時代劇でいうと例えば、黒澤明監督の『用心棒』（一九六一年）は、場所や時代ははっきりと示されていませんが、空っ風の吹き抜ける宿場町（ということなので上州あたり？）で、ヤクザ同士が勢力争いをしている。そこに三船敏郎扮する浪人の桑畑三十郎が、宿場に現れてトラブルを解決して去っていくまでの空間限定型になっています。

いわゆる「道中もの」というと、弥次喜多のように旅の過程でのドタバタを綴っていくのですが、例えばシリーズ化された『水戸黄門』は、『用心棒』的な作りをミックスさせていて、毎回の一話では、黄門様一行がある土地、宿場や城下町などにやってきて、そこで行われている何らかの不正なり悪事を解決して出て行くという構造となっているわけです。『座頭市』や『木枯らし紋次郎』とかも同じですね。

旅が生活の渡世人

この『木枯らし紋次郎』ですが、笹沢左保の原作がテレビドラマ化されて一躍人気ヒーローになりました。三度笠に縞の道中合羽で長い楊枝をくわえ、「あっしには関わり合いのねえこって」という決まり文句を吐きながらも、毎回関わってしまう。

紋次郎はいわゆる「渡世人」というやつですが、江戸時代の博徒、ヤクザ者のこと。「無宿人」という言い方もあります。江戸時代には戸籍に相当する「人別帳」というのが町々にありましたが、法を犯したり素行が悪かったりすると外されてしまい、そこで住めなくなった人間が無宿人で、多くが旅暮らしを余儀なくされました。

そうした渡世人が旅をする物語が「股旅《またたび》もの」で、大正や昭和にかけて活躍した劇作家、小説家の長谷川伸が書いた『沓掛時次郎《くつかけときじろう》』や『関の弥太っぺ』といった作品で親しまれました。長脇差を一本腰に落として、先の格好で旅を続ける、というスタイルがおなじみになりました。

この座頭市や木枯らし紋次郎が旅をする街道や場所は、主に関八州から信州あたりとされていました。江戸の町に来ることはまずなかったと思います。このように街道の宿場は、ある意味治外法権的な空間（本当はそんなことはありませんが）として物語の舞台に有効なわけです。それにしても、座頭市とか木枯らし紋次郎といった旅人ヒーローものは、数年前に『逃亡者《のがれもの》おりん』（二〇一二年）が、あだ花のようにあったきり、出てきていないように思います。

其ノ拾八　関八州は無法地帯？　〜旅は命がけ

関八州は親分が悶っ引

時代劇の入門として「旅もの」がいいという話の続き。

ところで、三度笠に長脇差の無宿人（アウトロー）による「股旅もの」ですが、どうして「関八州」が、彼らを活躍させやすい空間なのか？　関八州とは今の関東地方のことで、相模《さがみ》、武蔵《むさし》、安房《あわ》、上総《かずさ》、下総《しもふさ》、常陸《ひたち》、上野《こうずけ》、下野《しもつけ》を指します。

徳川政権が江戸に置かれたことから、こうした国々を防衛の意味も含めて、御三家のひとつの水戸藩や、譜代大名や旗本の藩、さらに徳川の勘定奉行が支配下とする直轄地の天領としました。こうした天領を管理したのが時代劇では悪役の代名詞みたいになっている代官です。なにしろ関東は広いため、無宿人や博徒が江戸から管轄外の天領や旗本領に逃げ込むと、町方であっても簡単に捕縛できませんでした。こうした弊害を見かねて、関八州を巡回して捜査や逮捕ができる八州廻りといった役職も生まれました。

［あっ！こりゃ失礼しやした…］
お親分！

八州廻りが関東各地を廻る際には、荷物持ちの足軽や小者《こもの》、さらには村々から道案内がついて数名の組となったとか。また、村々には江戸の岡っ引に相当する「目明かし番太」がいて目を光らせていました。この番太には子分をたくさん持っている地元の大親分などもいて、まさに股旅もので登場する宿場の一家という設定に使われているわけです。

テレビドラマシリーズで思い出されるのは、少し前ですが西郷輝彦主演の『あばれ八州御用旅』（一九九〇年より）。主人公の藤堂平八郎は表向きは凡庸な関東取締出役《しゅつやく》の顔だが、実は「地獄送り影の八州」と名乗り、容赦なく悪を斬り捨てる北辰一刀流の達人で、という設定でした。

ヤクザ同士の大抗争事件

とはいえやはり一番人気は、盲目の按摩の市《いち》が、仕込み杖を武器に旅の先々で活躍する『座頭市』でしょう。勝新太郎のはまり役になるほどに何度も映画化、ドラマシリーズになりました。もともとは作家の子母澤寛《しもざわかん》が『ふところ手帖』の中で書いた『座頭市物語』が原作になっています。

これを一九六二年に三隅研次監督、勝新太郎主演で映画化したのが『座頭市物語』。天保十五（一八四四）年に、実際に起きた下総の飯岡助五郎一家と笹川繁蔵一家の争い（大利根河原の決闘）を取り入れています。この事件は講談の『天保水滸伝』になって人々に親しまれていました。

飯岡助五郎は賭場を抱える一家の親分で、銚子陣屋から十手《じって》取縄《とりなわ》を預かっていました。すぐ近くで新興の親分として勢力を増していたのが笹川繁蔵で、大前田栄五郎、国定忠治、清水次郎長といった当時名の知れた大親分を招いて、大花会《おおはなかい》を開いたといわれています。第一作の『座頭市物語』に平手造酒《ひらてみき》というニヒルな浪人が登場しますが、実際の抗争で、笹川方の犠牲者として名前が残っています。ちなみに飯岡方の死者は八人だったとか。

こうした史実や後に流布した物語をうまく取り入れて、さらに座頭市という希有な主人公を構築したことで、あのヒットシリーズが生まれたわけです。

『月影兵庫』と『三匹が斬る！』

笹沢左保が生み出した『木枯らし紋次郎』は、上州新田郡の架空である三日月村生まれとされています。長じて渡世人となった紋次郎（演じたのは中村敦夫）が、旅の途中で事件に遭遇する。七二年から始まったテレビシリーズから、街道名が入っているタイトルをピックアップしてみると、「峠に哭いた甲州路」「背を陽に向けた房州路」「月夜に吠えた遠州路」「地獄を嗤う日光路」「飛んで火に入る相州路」「木っ端が燃えた上州路」「雪に花散る奥州路」などなど。関八州から外れた土地もありますが、街道筋は何かと物語が作りやすい。

時代劇のオールドファンが思い出すのは『素浪人　月影兵庫《つきかげひょうご》』シリーズ（一九六五年より）でしょうか。近衛十四郎扮する浪人の月影兵庫と、渡世人の焼津の半次（品川隆二）が旅をする。その先々で事件に巻き込まれ活躍する。高視聴率を得ていたのですが、あまりに原作から離れたせいで、原作者の南條範夫からクレームが来て、やむなく終了。でもそっくりな花山大吉という浪人に変えてシリーズが続きました。

あるいは八七年から始まった『三匹が斬る！』も旅ものでした。高橋英樹と役所広司、春風亭小朝扮する三人の浪人が、別々の旅をしながら行った先々で事件に遭遇して、最後には殺陣廻りが展開していく。チャンバラ主体の街道ものの時代劇は、すっかりなくなってしまいましたが、実のところ作りやすいし、潜在的なファンがたくさんいると思うのですが。

弥次喜多が旅ブームを作った

「旅もの」は舞台としての関八州であったり、そこを行き来する特殊な人種の無宿人ばかりのように思えますが、一般人も当然ながら旅をしました。

江戸の初期は、庶民階級が旅を楽しむ余裕はあまりなかったようです。それが大名の参勤交代などで街道や宿場が整備され、情報ももたらされるようになり、文化文政時代（一八〇四〜三〇）に一大旅行ブームが到来します。

そのきっかけとなったのが、十返舎一九の書いた『東海道中膝栗毛』。弥次郎兵衛と喜多八の二人が、お伊勢参りを口実に珍道中を繰り広げる。初編が大ベストセラーになり、一九は続編を次々と出し、弥次喜多の二人は四国の金比羅《こんぴら》、安芸の宮島、信濃善光寺、上野草津を廻るはめになり、ようやく江戸に戻ってきて完結しました。

こうしたブームで『旅行用心集』といった心得本や、『東海道名所図会』といったガイドブックも出されました。中でも「一生に一度はお伊勢参り」というように、江戸っ子はお金を積み立てたりしました。

これは伊勢神宮御師という神官による布教活動が功を奏し、伊勢講という組織が定着したため。文政十三年には、「おかげ参り」という大ブームが起き、五百万人もの参詣客を集めました。江戸を旅立ち東海道を行き、お伊勢参りを済ませて京、大坂見物と足を延ばすと、ほぼひと月余りの旅でした。帰りは中山道経由で善光寺参りと、まさに弥次喜多を地で行く旅ですね。

足が頼りの江戸の旅

こうした大旅行はまさに一生ものでしたが、近場の旅も普通に楽しむようになります。江戸周辺ですと鎌倉や江ノ島は女性にも大人気。

落語の「大山詣り」で知られる相模の大山は、火除け厄除けの神様を祀っていたために、鳶や職人の信仰を集め、娯楽を兼ねて仲間で出掛けていきました。箱根七湯巡りという温泉や、成田不動の成田山新勝寺も庶民の人気を集めました。

『旅行用心集』には、旅の七つ道具として、矢立（携帯用筆記用具）、扇子、糸針、懐中鏡、日記手帳、櫛、鬢付油をあげています。もちろん、着替えや手拭い、鼻紙、油紙、薬を入れた印籠《いんろう》、小銭の入った巾着や財布（大金は腹巻の奥に厳重に入れる）、旅の許可書としてもらった往来手形（主に町奉行や村役人が発行した身分証明書）や往来切手（こちらは大家や名主が発行）などは必

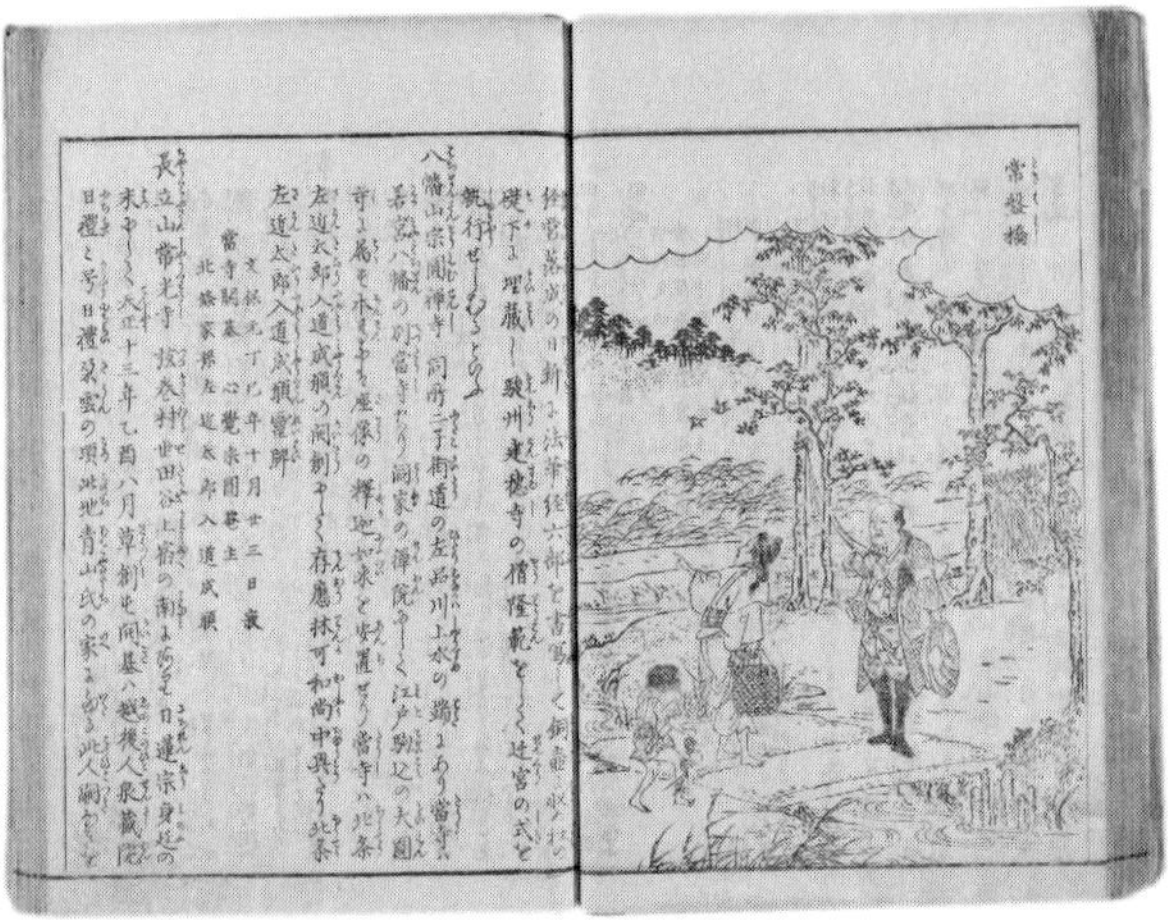

旅姿　江戸名所図会（国立国会図書館デジタルコレクションより）

携品。旅の衣装は手甲脚絆《てっこうきゃはん》に草鞋《わらじ》、雨や日除けの菅笠、杖、用心のための脇差しを腰に落とし、上記の荷物を手行李を二つに分けて納め、前と後ろにぶら下げる振り分け荷物というのが一般的でした。

さらに旅のブームを煽ったのは、歌川広重のやはりベストセラーとなった浮世絵シリーズ『東海道五十三次』です。例えばその中の「三島宿」では、いわゆる雲助と呼ばれた宿場人足の担ぐ宿駕籠や馬に乗る旅人が描かれています。駕籠や馬は路銀に余裕のある人がもっぱら利用し、庶民はほとんど徒歩、自分の足が交通手段でした。

其ノ拾九

知れば抜け道もある

～関所に川留め

宿場以外は泊まっちゃダメ

時代劇「旅もの」の道中が続いています。

駕籠や馬という交通手段もあったのですが、ほとんどの旅人は自分の足でした。昔の人は健脚で、成人男子ならは一日一〇里（約四〇キロ）歩いたとか。人が歩く速度は平均時速四キロですので、一日十時間歩きっぱなしなら可能です。

ちなみに江戸から伊勢までは約四〇〇キロ、途中足止めなどがなく、順調に進むと十二日で到着、この場合は一日三三キロずつ進んだことになります。江戸と京まで東海道なら十四日でした。

もうひとつちなみに、荷物や文書を運ぶプロフェッショナルといえば「飛脚」。幕府が制度化した継飛脚や、民間が運営した町飛脚などがあったのですが、途中交代の継飛脚で一番早い「急御用」なら、三日で江戸と上方を結んだとか。これちらこそ本当の「駅伝」の〝いだてん〟たちでしょう。民間の町飛脚ですと、通常便の「定六《じょうろく》」は、江戸と大坂を六日かけて運んだのでその名があります。

さて、一般人の旅はそんなに急がない。「本日は何々宿まで」と大まかに決めて、「宿場」に着くと宿屋に泊まりました。宿場はほぼ二里ごとに置かれていました。街道では旅人は、宿場以外では宿泊してはいけないことになっていて、ひとつの宿場を見送ると、次の宿場まで一刻（二時間）あまりを急ぐ必要があったわけです。

宿場には事務所としての「問屋場」がありましたが、ここは公用旅の武士や荷を運ぶ馬や人足が主に利用しました。宿泊施設には大名や公家、旗本などが使った「本陣」と、格式をやや省いた「脇本陣」、そして一般客や公用以外の武士なども利用した「旅籠」がありました。

客引き合戦は今も昔も

東海道の宮宿《みやしゅく》（四十一番目）は旅籠の数が最も多く、最盛期には二百五十軒もあったとか。わずか十五軒あまりという小さな宿場もありました。大きな宿場だと、街道に面した表間口にどかんと構えた大旅籠から、中旅籠、小旅籠が並んでいました。

旅籠というのは一泊二食付きで、宿泊は原則一泊のみ。やむを得ない事情（川留めや病気など）を除いて連泊は禁止でした。とはいえ、落語でも「抜け雀」なんかは、「百両預けるから」という客を泊めると、長逗留されてしまう。実は一文無しで、その客が残していったのが屏風に描いた雀の絵で、という噺でした。一泊のみはあくまでも原則でしょう。

旅籠屋
うちの客を取るじゃないよ！
バーカ！うちが先に見つけたんだ!!
旅籠

素泊まりで客が自炊する「木賃宿」もありました。客は宿代代わりに薪代を払って、一間にざこ寝が当たり前。路銀の乏しい旅人や巡礼者が利用しました。

旅籠の前で客引きをしたのが留め女。泊まりが決まると、入り口で用意された桶で、上がり框に座って草鞋を脱いで足を洗って、部屋に案内されます。主人か番頭が挨拶に来て、宿帳に名前や在所を記入します。ひとっ風呂浴びてそれから食事。食事の給仕をする女中が飯盛り女で、夜の相手をすることもあって、幕府も表向きは禁じていましたが、ほとんど黙認されていたとか。

出女を捕まえろ！

もうひとつ街道に置かれていたのが「関所」です。幕府が安全を確保する目的で、全国に約五十か所設置しました。

「入鉄砲に出女」という言葉がありますが、江戸に武器が持ち込まれないように警戒するのと、江戸屋敷住まいの大名の妻子が逃げないように防ぐ。この二つが特に関所の役割として重視されたからです。関所には役人と警護の同心、中間が常勤。出女を防ぐために、女の旅人を念入りに調べる役目の「人見女《ひとみおんな》」がいた関所もありました。

関所と近い役割で、自国領地の出入り口に大名が設置した「番所」もありました。こうした関所や番所では通関税も取られるし、旅人には通り抜けるのに面倒な場所でした。ただ、これもまさに抜け道があって、役人が来ない木戸の開閉前に案内人の手引きで通り抜けたり、関所を迂回する間道もあったらしい。

緊急で旅籠じゃないところに宿泊したり、関所を避けて旅をしたり（ただし見つかると関所破りで罪を問われましたが）、物語を作る側にとっても抜け道はいろいろとあるわけです。

越すに越されぬ旅もある

今も昔も、旅は予定通りじゃないからおもしろい。

江戸から上方まで東海道で順調に進むと十四日と述べましたが、旅は思いも寄らないトラブルにも見舞われたりしますし、物語はいかに障害なりトラブル、事件を起こすかですから、順調に進んで到着したのでは話になりません。

『南総《なんそう》里見《さとみ》八犬伝《はっけんでん》』で知られる滝沢馬琴は、三十歳の頃に関西旅行をして、随筆の『羇旅漫録《きりょまんろく》』を残していますが、実に三か月半もかけています。途中で知人や著名人との交流で、長逗留をしつつの旅でした。この馬琴も遭遇したのが大井川の「川留め」です。

幕府は政策上（万一西側から攻められても防げるようにと考えた）、大きな河川に橋の設置を許可しませんでした。例えば、品川宿から川崎に行くには、六郷川（多摩川の下流）を越えなくてはいけませんが、橋はなく渡し船で行き来するしかありません。

水深が浅い川は「徒歩渡し」といって、人足に頼る川越えが行われました。東海道では酒匂《さこう》川、興津川、安倍川、大井川など。特に「箱根八里は馬でも越すが、越すに越されぬ大井川」といわれたように、島田宿と金谷宿との間に流れる大井川は「徒歩渡し」の川として有名。旅人はまず「川会所」に赴き、その日の水位によって決まった値段の「川札」を買います。

渡し船は無料だった武士も、ここでは札を買わされました。この川札を人足に渡して川を越える。水位が膝あたりだと天保年間で四〇文前後、人足の棒や綱を持って浅瀬を渡りました。胸くらいまであると、人足の肩に乗る「肩車越し」で、札の値段は倍以上になりました。

大名や女性は「蓮台越《れんだい》し」です。これは四人で担ぐものから、十六人担ぎとあって、当然人数が増えると料金も跳ね上がります。大名の豪華な駕籠を乗せる大高欄蓮台だと三十人以上もの人足が担いだとか。

また、決められた場所以外で、旅人だけでこっそりと渡ろうなんてズルは、見つかると厳罰に処されました。

やっぱり危険な女のひとり旅

人足でも渡れないほどに水量が増えると「川留め」となって、大井川の場合は、島田宿や金谷宿で滞在を余儀なくされました。島田宿が満杯になると、手前の藤枝宿も解除を待つ旅人で溢れました。運がよければ一～二日でしたが、長い時には十日以上も続いた時もありました。平均で三～四日。文政年間（一八一八～三一）の記録では年間十～二十回の川留めがあったとか。

こうした天災は仕方がないにしろ、旅のトラブルとしては怪我や病気で倒れることもあったでしょう。また、旅人を脅かして酒手をねだったり、追いはぎまでおよぶ「ゴマノハエ」と呼ばれたヤクザまがいの雲助や人足もいました。夜の道中ともなると、道に迷ったり山犬や狼、さらには夜盗に襲われたりといった危険もあれば、もものけ、怨霊、幽霊と遭遇したかもしれません。

こんなトラブルをできるだけ避けようと、江戸の旅は弥次喜多のように複数でするのがほとんどでした。ひとり旅は、旅籠も泊めるのを警戒し、断ることもあったともいわれています。旅人が病気になったり、さらには客死といった事態になると、宿としても在所に知らせたり、奉行所に届けたりといった処置が必要となります。同行者がいれば違いますが、ひとり旅で身元が不明だったりすると、ますます面倒に巻き込まれることになったからでしょう。

特に女のひとり旅は危険で、「あるまじきこと」とされていました。やむなくひとり旅をする折は、道中で信頼する人と同行するようにしたといいます。とはいえ、江戸の女性たちも、数日の湯治や伊勢参りなどの長旅まで気軽に旅に出ていたようです。名所図会や浮世絵にも旅をする女性たちがあちこちに描かれています。旅で開放的になるのは今も昔も同じでしょう。そこからロマンも生まれたかもしれません。

其ノ廿

〝下に〜下に〜〟は、ただの見栄

〜大名行列と鯖街道

参勤交代はとかく大変

時代劇で「旅」をするのは庶民ばかりではありません。お侍、それもお殿様が江戸と故国を行ったり来たりするのが「参勤交代」「大名行列」です。

参勤交代といえば、城戸賞（一番権威のあるとされる映画シナリオコンクール）を入選して映画化され大ヒット、続編まで作られた土橋章宏さん（私の弟子でございます）の『超高速！参勤交代』が記憶に新しい。

時代劇でありながら意表をついたタイトルと、参勤交代をするのが、現福島県いわき市に実在していた湯長谷《ゆながや》藩というのも斬新でした。湯長谷藩はわずかに一万五〇〇〇石の小藩（ちなみに大名は一万石以上の所領を持つ武家のこと）。藩の取り潰しを謀る幕府から、突然の参勤交代を命じられ、藩主の内藤政醇《まさあつ》は経費節減、超高速での江戸行きで対抗しようとするが……。

ちっぽけな藩が、巨大権力の幕府老中に立ち向かうおもしろさ。愛ありチャンバラありの今まで

あ、あの人……
急げ
草鞋が……
エ〜っ?

にない時代劇になっていました。湯長谷藩が行くルートは奥州街道ではなく、海沿いの陸前浜海道《りくぜんはまかいどう》だったとか。

ともあれ、この物語のように大名にとっての参勤交代は大変な負担でした。これは三代将軍家光の時の武家諸法度《ぶけしょはっと》により、大名は原則として江戸在府が一年、在国が一年と交替が定められたことから行われるようになりました。

「下に〜、下に〜」は入り口だけ

大名は禄高や格式に応じて、行列の規模や装具、服装が整えられました。一〇〇万石の加賀藩前田家は、総勢二〜四〇〇〇人の大行列で行ったとのこと。その費用はすべて藩持ちでしたから、大いに財政を圧迫したわけです。一番の遠方だった鹿児島の島津藩では、西廻りの場合は九州の西側を行き、瀬戸内海を御座船で大坂に渡り、東海道を進むというルートでひと月あまりを有しました。

大名行列は戦陣を組むという意味合いでしたから、鉄砲、弓、槍、刀といった武器を掲げた侍と従者が多くつきました。一万石の小大名でも百人くらいの一隊となったそうです。目立つ槍には、羽毛やラシャで飾られた鞘が掲げられ、着替えを入れた挟箱《はさみ》には金箔や漆の定紋が描かれていました。

お殿様は行列の中ほどの駕籠でしたが、狭い箱の中で何日も揺られているのは辛かったはずで、たまには乗馬だったり歩いてみたりしました。

時代劇でおなじみ「下に〜、下に〜」というかけ声と、髭の奴《やっこ》が毛槍を投げてといったパフォーマンスは、宿場の出入り口など人が多い所を通過する時だけ。後はひたすら経費削減の急ぎ足だったようです。大名行列とて、寅の刻（午前四〜五時）過ぎに出立し、一日に一〇里前後（約四〇キロ）も進んだそうで、やはり経費削減だったのです。

宿場を潤した大名様ご一行

時代劇では街道を行く大名行列に、庶民が土下座してやり過ごして、というシーンが登場しますが、実際の庶民の平伏は御三家の行列に限られていました。普通の大名の場合は、「片寄れ、片寄れ」という先払いの声を聞いて、道を空ければよかった。そうはいっても幕末では、薩摩藩の行列と騎馬の異人たち一行とが遭遇し、殺傷沙汰になった「生麦事件」も起きています。旅人にとっては面倒なご一行様だったでしょう。

彼らが主に泊まったのが本陣や脇本陣。他の大名とダブルブッキングしないようにするため、何か月も前から旅程を決めていました。出発の前に「先触」を出して、必要な人馬数などを休憩や宿泊先に通達したり、家臣を派遣して交渉を済ませたり。そうした手配をする役目も大変そう。

一方、本陣の方も、大名様ご一行を迎えるために、道を掃き清めたり食事の準備をしたりと大忙し。お殿様への献上品を差し上げる代わりに、宿代としての下賜金を頂戴しました。なにしろ団体様ですから落ちるお金も少なくなく、大名にとっては大出費でも、道中にはありがたい制度だったでしょう。大名が本陣に宿泊すると「関札」が掲げられ、どこの藩が来ているかが分かりました。

街道なら外せない馬籠宿と妻籠宿

江戸時代の「旅」のお話は、そろそろ終点としたいと思います。この本では主に、江戸と上方を結ぶメインストリートであった太平洋側を行く東海道と、山や谷を越えていく中山道を例としてきました。それ以外にも全国各地を結ぶたくさんの道がありました。

街道と宿場町の雰囲気に浸りたいなら、何といってもオススメは中山道木曽路の馬籠宿と妻籠宿でしょう。馬籠で生まれた島崎藤村の代表作『夜明け前』の有名な、「木曽路はすべて山の中である」を実感できる空気に満ちています。

地方を舞台とした時代劇（に限らずですが）は、架空であってもおおよそどのあたりなのか、土地や道のイメージを伝えてほしいものです。書き手がその地方にどういう街道が通っていて、どのような歴史や風習が残されていて、名産品や土地柄、気質、伝承などがあるのか、あったのか？そうしたことを調べた上で物語に織り込むことで、その作品ならではのリアリティなり、個性が出てきます。

関東地方だと日本橋を起点として、東海道、甲州道、中山道、日光（奥州）街道の五街道以外にも、日光御成道、水戸・佐倉道、壬生《みぶ》道、例幣使《れいへいし》道といった脇街道がありました。

徳川のための日光詣

日光御成道は、徳川家康の遺体が日光に改葬されたことから、歴代将軍たちが墓参りに使い、その名があります。日光街道のバイパス的な道で、江戸から川口、岩槻《いわつき》を経由して、幸手《さって》で日光街道と合流する道でした。途中、警備のしやすい岩槻城に宿泊するための迂回だったという説もあります。しかし、幕府を挙げての大イベントだったために大変な費用が掛かり、たびたび自粛されました。

最後の日光詣は、天保の改革を行った老中の水野忠邦《ただくに》が、〝強い幕府〟をアピールしようと強行した十二代将軍家慶《いえよし》の天保十四（一八四三）年。十八万人の人員を動員し、一八万両もの金銭を費やしましたが、改革どころか借金ばかりが残る益の薄い政策となってしまいました。強硬さを派手にぶち上げて、困った状態をごまかそうとしたわけで、まるで昨今の日本政府そのままです。

ほかにも今も名の残る青梅街道は、もともとは成木《なりき》街道とか御白土《おはくど》街道と呼ばれていました。徳川家康が幕府を開くために江戸城の拡張工事に着手、城壁に使うための大量の石灰が必要となりました。多摩の成木地区がメインの産地として採掘され、そこで焼き上げられたのちに江戸に運ばれることになり、そのために開かれた道だったからです。

〆鯖がおいしくなる鯖街道

街道の名前は地名をそのままつけたものが多く、それだけで旅情をそそられます。中には地名ではなく、想像力をかき立てる街道もあります。

例えば、東海道の浜松宿から浜名湖を避けて北に迂回する〝姫街道〟。女性の旅人が多く利用したからつきました。西岸の新居の関所が、「出女」を厳しく取り締まったのでそれを避けたとか、浜名湖を行き来する「今切《いまぎれ》の渡し」は、〝縁切り〟に繋がるために、女性たちが験を担いで嫌ったためなど諸説あります。

福井の名産といえば、今も鯖の棒寿司ですが、若狭の小浜から京へと向かう若狭路は、水坂《みさか》峠から保坂《ほうざか》を経て琵琶湖の西岸の今津を経る路が九里半《くりはん》街道で、鯖をはじめとする様々な海産物が運ばれました。保坂から分かれて南下し、大原を経て京に至る道こそ通称、〝鯖街道〟。日本海で獲られた鯖が塩でしめられ、まる一日かかけて京の朝市に運ばれ、ちょうどよく馴染んで、海から遠い京の人に食されました。

人が行き来するから道ができる。街道には旅をする人やそこに住む人が織りなし、紡いできたドラマがあります。街道マップと歴史ガイド、そこを舞台に展開する小説を読みながら旅をする。街道や宿場、城下町を実際に訪れることで、ドラマは必ず見つかるんです。

其ノ廿壱

みどもは武士でござる

～決めゼリフで勝負

時代劇はセリフが命

時代劇を時代劇たらしめているのは、その時代の人たちが話す言葉ではないかと思います。時代劇の読者や観客は、小説や映画、ドラマに登場する人物たちのセリフ、話し言葉が明らかに今の言葉だったり、言い回しがおかしいと違和感を覚えてしまいます。

また、時代劇のシナリオや小説を書こうとする作家志望者が、まずとまどうのがセリフです。ただでさえ人物のセリフは難しいのに、時代劇となると、登場人物それぞれに時代劇っぽい喋らせ方、言葉遣いをさせなくてはいけません。

現代人でさえ、敬語とか丁寧語とか謙譲語とかややこしいったらありゃしない。妙な使い方をすると「こいつは日本語も知らんのか」とバカにされたり、呆れられたりします。ましてや今以上に身分の違いやらが厳しかった時代で、どのような会話がなされていたか、なんて正確に分かるはずもありません。

方言も同じですが、完璧に正確に喋らせようとするセリフなんて、プロでもそうそう書けません。むしろそんな方言とかで人物たちに会話させたら、標準語の字幕をつけなくては意味が通じなくなる恐れもあります（そういうドラマもありましたが）。テレビドラマや映画では専門家の監修者が入ります。時代劇の場合は時代考証の専門家と方言指導とかも。小説の場合も出版社側の校閲がチェックしてくれたりします。

よくアマチュアの書き手から「方言をどう書けばいいですか？」と質問されたりします。まずはネイティヴを利用して、自分が知っているお国言葉を使えるようにするか、舞台とする地方の出身者とかを見つけて、間違いがないか、雰囲気が伝わっているかをチェックしてもらうべきでしょう。ともあれ、人物たちに方言を使わせるだけでがぜん魅力的になって、作品のクオリティは着実にアップします。読者も嘘がない言葉で語られる物語に浸りたいはずです。

大河ドラマでそれを言うか!?

さて、時代劇もまずは雰囲気が伝わればいいのですが、やはりその人物なりの言葉をしっかりと使ってほしいと思います。正確じゃなくてもいいけど、それらしい言葉を使わせるべきでしょう。

余談ですが（って司馬遼太郎先生みたいに）、天下の国営放送の看板である大河ドラマでこんなセリフがありました。兜の飾り文字を選ぼうとしている主人公の武将（直江兼続ですが）に、彼の妻がある一字（って「愛」ですが）を指し「私はこれにグッときました」と言った瞬間。

みどもは、
イヤ拙者……
それがし……
んー自分は、
おれ？わし？
わたくし〜……
おこどん……？

そしてまた別の年の大河で、主人公の姫（江《ごう》ですが）が「おじ上（って信長ですが）に会える、やったぁ！」と叫んで跳ねた瞬間。さらに別の年、主人公の侍（吉田松陰ですが）の妹が、幼なじみの侍の子息（後の久坂玄瑞ですが）と夜中に二人で家を抜け出して、異国船を見に出掛けて（ありえんぞ）、朝別れる時に「まぁたぁ〜ね！」とのたまった瞬間。

さらについ最近、薩摩に伝わる伝統行事の妙円寺参りに、女の子（後の西郷隆盛の妻ですが）が紛れ込み、捕まるや開き直り「女が出られないのは不公平です！」と抗議するかと思いきや、郷中教育を受けていた少年たち（西郷吉之助ら）が、お菓子を盗みに磯庭園に忍び込んだり（その場で切腹ものだぞ）した瞬間、私は以後の視聴をやめました。

いくらなんでもひどすぎる。時代劇をバカにしている。マンガチックだったりファンタジーテイストな時代劇で、現代語なり若者言葉が、ある程度入っていても構いません。例えば思い切り遊びまくる『必殺！』シリーズなら、仕置人とかが耳にピアスしていても、まあ笑って見ていられます。でも大河ドラマくらいはちゃんとしてほしいと思うのですが……。

私なんぞは『赤穂浪士』あたりから大河ドラマをこよなく愛し、大河ドラマで歴史を勉強した人間ですから、近頃の大河のていたらくぶりが許せません。

上様は将軍様で、殿様は大名様

前振りがえらく長くなりましたが、江戸時代を中心に言葉遣いについてあれこれと述べていきます。江戸時代でも地方によって方言があったし、そこまで細かく考察すると専門書とかになってしまう。ですので、時代劇をどっぷり楽しみ、より深く知り、親しむための一般的な（って何だ？というのはともかくとして）江戸言葉です。

ご存じのように江戸時代は、士農工商といった身分制度があって、士分、つまり武士、侍の身分が一番上とされていました。むしろ士分とそれ以外と分けて考えればいいでしょう。さらに親と子、夫婦とか、主と部下（使用人）といった立場でも言葉遣いが違ってきます。

ともかくまず「お侍様」をどう呼ぶか？　武士は特に階級の違いや身分の上下が厳しくてややこしい。一番上は徳川幕府の将軍様ですが、将軍様はまあ「上様」と呼んでおけば間違いはありません。大名を呼ぶ場合は「殿様」「お殿様」で、「上様」と呼んでいる場合もあるようです。

侍は自分と相手をどう呼ぶか？

その前に、ちょっと面倒なのですが、小説だと人称というのがあります。

英語だと〝I〟と〝You〟とか〝he〟〝she〟しかありません。あるいは相手の名前を呼び捨てにするか、関係性によっては〝darling〟とか〝honey〟のような場合と、〝bitch〟みたいなスラング版もあるといえばそうですが。で、自分をどう呼ぶか？　日本語はそうした人称も多彩で、特に江戸時代となると身分でも違います。一番上のお殿様なら「与（余、予）は満足じゃ」でしょう。「わしじゃ」とかでもいい。武士が自分を指す一人称としては「みども」「拙者」「手前」「それがし」「自分」「おれ」「わし」などなど。「わたし」「わたくし」というのも可。相手の呼び方も「貴殿」「お主」「そこもと」「お前」「貴様」「あなた」「お手前」などなど。

これらの違いなり使い分けは、時と場合やキャラクター、雰囲気でしょう。例えば、侍が登場する場面なら、かしこまった場所でだったり、格式張っている人物とするならば、「みども」「それがし」と自分を称する。くだけた場所やキャラなら「おれ」「わし」というように。

ただし、武士同士では身分違いによって、呼び方のルールが生じます。身分の上の武士が下の武士を呼ぶ際には「貴様」「お主」「そこもと」「貴殿」でいいわけですが、逆となると「無礼者！」と叱責されます。下の者が上の身分の者を呼ぶ際は「小林様」とか「後藤殿」と名前に尊称をつけるのが無難です。友人同士や身分差があまりない場合は「貴様」「お主」でいいし、あまり親しくない同輩は「お手前」とか、そのまま「小林氏《うじ》」「後藤さん」でしょう。ちなみに「僕」「君」は、幕末期から明治にかけて、勤王の志士が使うようになって一般的になった自称と呼称です。

刑部卿殿、越前でござる

私が時代劇を書こうとした当初に、結構この名称やひと言のセリフが書けなくて、止まってしまったりしました。なんとなく場数を踏んでくると（たくさん書いていくと）慣れてきて、引っかからずに書けるようになりました。なぜ慣れたかというと、それまでにそれなりにですが、時代劇（歌舞伎や落語なども）を観る、読む、聞くといった経験があって、いつの間にか身体に染み込んでいた。ただ、実際に書くという際に、改めて時代劇作家がどう書いているかをチェックしました。寄らば大樹の陰ってやつです。例えば武士階級の言葉遣いを作家がどう書いているか？

一橋慶喜《よしのぶ》の生涯を描いた司馬遼太郎『最後の将軍』（文春文庫）を開いてみましょう。（そういえばチラ見した大河『西郷どん』の慶喜もひどかった。あれじゃあ、唯の放蕩息子じゃないですか！）慶喜公が少年時代に漁夫の投網《とあみ》に興味を抱いた時、

「あれを自分もしてみたい」

と舟に乗り込むが失敗します。一橋卿と知らない漁夫は、

「あなたさまのは、どぶんと石を投げたような網でございます」

あるいは元服した慶喜に仕えた小姓の猪飼勝三郎が、慶喜の月代《さかやき》を剃るが下手なのを見かね、

「わしが月代の剃り方を教えてやる」

と、ここでは慶喜は「わし」と自称しています。須賀という側室は慶喜のことを「殿様」と呼んでいます。

越前福井藩主の松平春嶽《しゅんがく》が、「刑部卿《ぎょうぶきょう》殿にお会いしたい」と一橋家を訪れた際には、

「越前でござる。すでにお耳になさっておるかもしれませんが、私は卿を御世子《ごせいし》にしたくて、かつぎまわっております」

と、このように殿様同士であれば役名で呼び合っていたようです。それも身分の上下が反映されていますね。

其ノ廿弐

武士は相身互いでござる　～セリフの決まりごと

「おそれ入り奉りますれども」

時代劇のセリフ、武士、お侍版の続きです。武士は相手や家族のことをどう呼んでいるか？　改めて問われると首を傾げませんか？　読む側もつい読み飛ばしてしまったりするし、観客も聞き流していたりすると思いますが、そういう細かいところを知っていると、がぜんおもしろさが増します。実際に使ってみたりすると受けるかもです。

ともあれ武士は、士農工商の一番上にいるので、何かにつけエラソウです。とはいっても、武士の世界も階級世界なので、中でも格式（禄高）の上にいる人が一番エライということになっています（ここでいうエライは人間的にという意味ではなく、単に身分とか地位が上という意味）。前章、司馬遼太郎先生の『最後の将軍』から、将軍様候補の一橋慶喜と彼を担ごうとしている福井藩主松平春嶽のやりとりを抜粋しました。

「越前でござる。すでにお耳になさっておるかもしれませんが、私は卿を御世子にしたくて、かつ

拙者は……
五ざる……
はぁ？

ぎまわっております」

とあるように、同じ徳川一族で九つ年上であっても、松平姓の春嶽は御三卿一橋家の慶喜に丁寧語を使っています（この徳川家の縁戚制度とかを解説していると長くなるので、知りたい方はご自分で調べて下さいね）。

家や格式で上下関係が違うわけですが、『最後の将軍』からもう一例あげると、慶喜の将軍擁立を阻む最大勢力となった大老の彦根藩主、井伊直弼《なおすけ》と、慶喜自身が会う場面が書かれています。

「井伊家と申せば先祖いらい、御家（徳川家）においては別段の家柄、そこもとにあっても先祖とかわらず忠勤を励まれおる条、われらにおいても頼もしく存ずる」

という、挨拶代わりの慶喜のいたわりの言葉に、直弼は、

「存じも寄らず重圧をこうむり、おそれ入り奉りますれども、せいぜい粉骨つかまつるべく心得ております」

と応えています。舌を噛みそうに慇懃丁寧です。ちなみに、この会見は実際にあったらしく、司馬先生は「『大老、忽赧然《たちまちたんぜん》として色を変じ』と、記録にある。」と書いています。つまり、この会話（セリフ）やその折の両者の心情などは（史実を基にしつつ）、小説家司馬遼太郎の創作として書かれているわけです。まるでその場にいたかのようじゃないですか。作家は本当にすごい。

「貴所を見こんでのことでござる」

では、市井の侍同士の会話はどうなのか？

故藤田まこと（最近では北大路欣也）の当たり役でおなじみ池波正太郎原作の『剣客商売』（新潮文庫）。老中田沼意次《おきつぐ》が権勢を誇る時代に、無外《むがい》流の老剣客秋山小兵衛と、剣術道場を営む息子大治郎が活躍する連作集。

第一話「女武芸者」で、大治郎の道場に大垣四郎兵衛という立派な風采の侍が訪ねてきます。大垣は「この夏、田沼様御屋敷内にて、そこもとの御手なみ、しかと拝見しました」と褒め、「人ひとり、その両腕を叩き折っていただきたい」という依頼をし、五〇両の大金を差し出します。「貴所を見こんでのことでござる。世のため人のためでござる」と両手をつく大垣に、大治郎は「どこのだれの腕を、いかな事情にて叩き折れと、申されますか？」と問う。この奇妙な依頼後の顚末は小説をお読み下さい。

この場合は、大垣は名乗ったものの身分などを明らかにしていません。大治郎は身分的には浪人者の武芸者ですので、けっして高くはありませんが、初対面の侍同士ゆえに、互いに武家ならではの丁寧語を使っています。大垣は大治郎を指す人称として、「そこもと」と「貴所」と二通り使っています。「貴所」は、今では（時代ものでも）ほとんど使われませんが、本来は「あなたさまのいらっしゃる所」といった意味合いですが、転じて「あなたさま」「あなた」といった意味です。そうしたややこしい呼び方はともかく、侍同士、それも初対面だとこんなやりとりになるわけです。

奥様は旦那様をどう呼ぶか？

時代劇でのセリフを極めるのは大変です。武家は特にややこしくて、会得するのは難物でござるぞ。とはいえ、エラソウにしているお侍同士の会話、セリフのやりとりは大体理解できてきたと思います。身分や階級、上家関係で違ってきます。いろいろありますが、基本は「拙者は～」とかで始めて、「～でござる」みたいな語尾にすれば侍っぽくなるわけです。

さて侍同士、つまり男たちのやりとりはそれでいいとして、武家には当然ながら女性もいます（いや、いらっしゃいます）。お侍の奥方、あるいは娘だったり、妻とか母になった女性たちにも、それなりに武家らしい言葉遣いをさせなくてはいけません。

武家の妻が夫を呼ぶ時、通常ならば「あなた」とか「あなた様」「旦那様」で問題ありません。ただ、一万石（場合によって五〇〇〇石とかの旗本でも）以上は大名になりますので、夫であっても「殿様」「お殿様」と呼んでいたようです。逆は「奥」とか「お前」もしくは名前を呼びます。親に対しては「父上」「母上」。嫁である奥様が舅、姑を呼ぶ場合も「お義父上《ちち》様」「お義母上《はは》様」で、姑が嫁に対しては名前です。「お春」「春殿」といったところでしょうか。

「ほどほどを当たり前とするのです」

司馬先生や池波先生ではなく、私自身がどう書いたのかもあげます。

『武士の家計簿』の脚本で、御算用者の猪山家に嫁いだお駒（仲間由紀恵）が、ある朝、張り切って下女のお菊と朝ご飯を作っていると、姑のお常（松坂慶子）がたしなめます。その時のセリフのやりとりです。これは猪山家の家風、さらに知行取りの御直参という誇りを背景とした奥様の哲学と、身分としては下の同心の娘の意識の違いを出したいと思い、描いたシーンです。そうしたニュアンスをくみ取って下さい。

（略）

○猪山家・台所（早朝）

　お菊が味噌を溶こうとした時、現れるお常。

お駒「お義母上様、お早うございます」
お菊「奥様、お早うございます」
お常「まあまあ、あなた！」
お駒「今日はよいお天気です」
お常「新婚ぐらい、ゆっくりなさい……西永の家では、そのように？」
お駒「父から嫁として恥ずかしくないよう、しっかり働けと（ぬか味噌樽の蓋を取り）」
お常「ならん、そちらの方が恥ずかしい……お菊！」
お菊「若奥様！（必死に制して）」
お常「お駒殿（と呼び寄せ、土間から上がらせ）」

お駒「はい」

お常「嫁入りはな……私は婿取りゆえに違ったが、お春にもそう申して嫁がせた。よいか（顔を近づけ）はじめが肝心よ」

お駒「はい」

お常「舅や姑に気に入られようと、ついかいがいしく働いてしまったりする。するとじゃ、それが当たり前と思われてしまう」

お駒「……当たり前」

お常「そうよ。猪山家はれっきとした知行取りの御直参ですぞ。猪山家の奥として侮られてはならん。一歩出すぎれば、一歩身分が下がると心得なされ」

お駒「はあ」

お常「最初は、ほどほどを当たり前とするのです」

お駒「そういうものですか」

「曲者、下りゃ!!」

このように武家では、身内でない場合は「奥方」「奥様」となります。やっぱり大御所の作品を見てみましょう。

前章で引用した池波正太郎原作の『剣客商売』第一巻の「芸者変転」で、秋山小兵衛は将軍家のお傍に仕える八〇〇〇石の大身《たいしん》旗本家と関わります。ちなみに八〇〇〇石の石川家については、「家来から中間、腰元から下女、小者をふくめると百人をこえる奉公人がいる。本邸のほかに抱え屋敷（別邸）もあるし、屋敷内も大名なみに、表と奥が厳然と区別されてい、表はすなわち公の屋敷。奥は奥方をはじめ、同家の子女から腰元にいたる女の世界となっている。」と説明されています。石高による格式や規模が察せられますね。

その石川家を不良御家人と使用人が組んで脅そうとします。そのたくらみを小兵衛が防ぐのですが、ここに奥方の真佐子が登場します。まずことを憂いた用人が「奥方様」の真佐子に相談すると、真佐子は「このことは、殿へは申し上げぬよう」と口止めします。その後、頭巾で顔を隠した真佐子が恐喝相手の家に赴き、そこにいた小兵衛と対峙して騒ぎとなる。「曲者《くせもの》、下りゃ!!」と叱咤する奥方へ、小兵衛は、

「このようなまねをして、殿様の御役目に傷をつけてはなりませぬ!!」

と怒鳴り、供の者に「奥方をおつれして……」と述べています。

武家でも「ご新造さま」

もう一作、藤沢周平の傑作短編集『隠し剣孤影抄』（文春文庫）から、山田洋次監督によって映画化された『隠し剣鬼ノ爪』。海坂藩の無外流小野道場の遣い手片桐宗蔵が、牢破りをした同門の狭間弥市郎と決闘をする。

対決の前に狭間の美しい妻が宗蔵の家を訪れる。「狭間の家内でございます」と妻女は一礼し、夫の命乞いをします。宗蔵は妻女に対して、「ご新造は、考え違いをしておられる。それがしは狭間さまに試合を挑まれているのです」と断る。妻女は、宗蔵に始末を命じた奉行の堀のところに行くと告げる。宗蔵は「あのご仁に何が出来ますか。何も出来ませんぞ」と止めますが、妻女は「あなたさまの上役でございましょ。お願いして、あなたさまを説得していただきます」。

「ご新造」というのは、通常は若い遊女や町屋の若い妻を指しますが、このように、身分の低い武家の妻を指したり、「ごしんぞ」と呼んだりしました。このあとで、宗蔵が堀に「狭間どののご新造が……」とことの次第を尋ねます。堀は「狭間の女房？　ああ、あの女……」と笑う。この時宗蔵は堀を「お奉行」と呼んでいます。

武家の男女の言葉遣い、摑めましたでござりましょうか。

其ノ廿参　さんま、ふるまってくれべえかね　～落語に学ぶ

「さんま、予は食したことがないぞ」

封建社会のトップで威張っている武士と、残りの庶民とは生まれた時から違ってきます。それでは、お侍と庶民が会話する時はどういったやりとりになるか？　基本的には庶民が侍に対しては謙譲語、丁寧語を使います。それもさまざまなケースが考えられます。

小説を読むと分かってきますが、耳から身体に入れるという意味では、やはり落語が一番です。江戸を舞台にした古典落語を聞くと、それぞれのキャラクターのおもしろさ、個性と、彼らの会話、セリフの真髄が見えてきます。

まずは武家と庶民のやりとりの中でも、トップクラスのお殿様と庶民の会話がある「目黒のさんま」から拾ってみましょう。興津要編『古典落語（上）』（講談社学術文庫）からです。

あるお殿様がご家来を連れて遠乗りをされ、当時はまだ江戸の郊外だった目黒まで乗りつけます。馬を下りて、

「そのほうどもと走りくらべをする。予に勝った者にはほうびをとらせるが、負けた者は、屋敷へ帰って鉄扇でかしらを打つがどうじゃ？」

とご家来と徒競走。なるほどいかにもお殿様らしい。で、お殿様、

「だいぶ空腹をおぼえてまいった……いずれかで魚を焼いておるようじゃな」

とさんまの焼ける匂いをキャッチ。家来の、

「さんまで一膳茶づりたいもので」というのを聞きつけ、「なんのことじゃ」とお尋ねに。

「さんまとは、魚の名でございます」

「はて、予は一度も食したことがないぞ」

「はあ、下魚でございますゆえ、お上のお口にはいりますような魚ではございませんが」

と言い訳。しかし殿様は食したいと所望します。

「殿さまは口のききかたがちがわぁ」

家来は匂いの元の農家に行くと、お爺さんが煙をもうもうと上げながら脂の乗りきったさんまを焼いている。

「ゆるせよ」と現れた家来に、

「おいでなせえまし、なにかご用で？」

「余の儀ではないが、われわれのご主君が、そのほうの家で焼いておるさんまのにおいをおかぎあ

そばして、一膳食したいとおっしゃるによって、さっそく膳部のしたくをいたせ」

　無礼な家来の物言いに爺さんは立腹し、

「それではなにかね、わしのところで焼いているさんまがうまそうだから、めしを食わせろというかね。そりゃあ、いくら殿様だって虫がよすぎるだ。わしが食うべえとおもうから、はるばる品川まで買いにいってきただ。それをいきなりやってきて食わせろなんて……おことわりしますべえ」

「無礼なことを申すな」

と、家来と押し問答。門口で聞いていたお殿様が「これ、ゆるせよ」と笑いながら入ってきた。

「へー、おいでなせえまし……これは殿さまでごぜえますか?」

「さようじゃ。ただいまあれにて聞いておったが、この者のもうしようが、そちの気にさわって、だいぶ立腹のようすじゃが、ゆるしてくれよ。ことごとく空腹にて、まことに難渋いたす。どうか一ぜん食事をさせてくれぬか?」

「へえへえ、こりゃ感心しましただ。ええな、やっぱり殿さまはたいしたもんだ。口のききかたしてちがわぁ。そこへいくとこの野郎だ。口のききようを知らねえばか野郎だ」

「おのれ、ばか野郎とはなんだ」

「これこれ、おこるでない、それにちがいないではないか」

「どうもおそれいりましてございます」

「それじゃあ、殿さまのおっしゃりようがうれしいから、ふるまってくれべえかね」

　そして殿様は、庶民が食するさんまを生まれて初めて食して大感激、以後の展開はご存じの通り。

二宮金次郎と藩主の会話

　農家のお爺さんのしゃべりは、いかにも田舎の「じいさま言葉」です。目黒はまだまだそういうところでした。そもそも、下々の爺さまがお殿様と直接口をきくというのは珍しい。一生に一度あるかないかでした。

　映画『二宮金次郎』の脚本を書きました。金次郎は小田原藩の栢山《かやま》出身の農民で、極貧の少年時代（薪を背負いながら勉強して！）を経て、自らの家を立て直しただけでなく、武家の家に入って借金整理をしたりして頭角を現します。で、これは史実にあるのですが、小田原藩主の小笠原忠真《ただざね》公が、酒匂《さこう》川に自ら出向いて、徳や功のあった農民たちを表彰しました。この時のひとりがまだ若い二宮金次郎だったのです。

　忠真公は金次郎の評判を耳にしていて、直接言

葉を掛けようとして、供侍から制止された時、

「くるしゅうない」

と直接金次郎に問いかけます。

この表彰で、実際に藩主が金次郎に声を掛けたかは記録にありませんが、冒頭シーンで印象的な出会いをさせたくて、そうした場面としました。この後、金次郎は士分に取り立てられ、忠真公の肝煎りで各地の復興をなし遂げていきます。

ともあれ、庶民が殿様と直接話すというのは、かなり希有なことだったわけです。

女でも自分は「おいら」？

当たり前ですが、お侍と庶民では「口調」が違います。お殿様と農民の爺さんが会話を交わす落語の「目黒のさんま」の例だと、爺さまは、「わしが食うべえ」と自分のことを〝わし〟と称しています。老人とか農夫の身分なら「わし」で、「おら」とか「俺」「おいら」も使うでしょう。

長屋住まいの町人も男は、自分のことは「おいら」「俺」「俺っち」「あっし」「わっち」など。落語で若旦那が「わちき」と言ったりしますが、この場合は気取りとか、なよっとした感じの場合。

町人の職人などはきっぷのよさが取り柄ですから、やはり「おいら江戸っ子よ」とか「あっしは大工ですが」といった口調になります。町人でも大店の主とか息子だと「私」となります。述べましたが「僕」や相手を呼ぶ「君」は幕末から明治以後に広まった呼称です。

女性の場合も育ちで違います。「私（わたし、わたくし）」は上品で、長屋のおかみさんとかだと「あたし」「あたい」でしょうが、男と同じ「おら」や「おいら」と称することもあるでしょう。これは西側だと「うち」とか「わて」というように、所変われば違ってきます。

「てめえばかりが女じゃァねえやい」

もっぱら江戸で解説していきますが、こうした言葉遣いを興味を持って時代劇に接するとまたおもしろいです。また落語から拾ってみます。

本物の江戸弁を継承しているのは、やっぱり古今亭志ん生師匠でしょう。爆笑しながら、心地よい江戸弁に浸ることができます。『古典落語　志ん生集』（ちくま文庫）から名演の「火焔太鼓」。

古道具屋の主は女房からいつもぼろくそに言われています。市から仕入れてきた汚い太鼓を見て女房は「それが、おまえさん、バカだてんだョ」。小僧が太鼓の埃を払っていたら、聞きつけた殿様の申しつけで屋敷に持って行くことに。主は女房の悪口を言いながら太鼓を担いで出掛ける。「てめえなんぞ俺をそう見やがるんだからなァ。いめいめしい女があるもんだェ。あいつァねェ。俺ァいやだよ、ああ、ああいうのはずうずうしいから生涯家にいるかもしれねえ、うん。今度ァ少ゥし嚇してやらなきゃァねえ、亭主をなんだと思ってやンでえ。てめえばかりが女じゃァねえやい」

志ん生師匠の口調を、そのまま文章にしたのでこうしたタッチになります。〝いめいめしい〟は〝いまいましい〟のなまり。亭主が〝ていし〟と短くなったり。

さて、主が「お頼う申します」と武家屋敷に入ると、

「なんだ？　その方は」

「ェェ……道具屋なんでございますが……」

「道具屋だ？　ああさようか……田中氏《うじ》、道具屋が参ったようだ」

「ああ、拙者だ……先刻の道具屋か。こっちィ上がれ」と案内されて、持って来た太鼓を差し出す。田中氏がお殿様に見せて戻ってくると、なんと三〇〇両という値段がついてひっくり返る。お金を受け取りながら、

「……どうもありがとうございます。へへ……（少し人心地がついて）ェェだけどもあたくし心配だからちょいとあなたに伺いますがねえ、あの太鼓はどういうわけで三〇〇両なんてんでお買上げになるんですかな？」

と尋ねると、田中氏は、

「ああ、その方、売りに来て知らんのか。はッは……いや拙者にもああいうものはわからんけれど、お殿様はその方に通じておられる」と火焔太鼓について講釈。

三〇〇両をしっかり懐に入れ、また悪口並べながら主は帰宅。

「……三〇〇両ですよ。うぅん、嬶ァのやつァ一分《いちぶ》で売っておしまい、一分で売っておしまいッて言ァがった。(略)あン畜生、お前さんと一緒にいた日にゃァ胃が丈夫になるとかね、いろんなことを言ゃァがんだ」

このように、女房や自分への呼び方も多種多彩いろいろです。

其ノ廿四

二本ざしが怖くって、でんがくが食えるか　～江戸の啖呵

セリフの書き方特別講座

時代劇のセリフについてもう少しだけ。

私はシナリオ・センターという脚本家を養成するスクールで講師をしています。脚本家になれるか否かは「いいセリフが書けるか」だったりしますので、少しだけ専門分野のお話をします。「セリフの書き方」の中に、「セリフの進化過程」というのがあります。

①　聞いたか坊主セリフ（噂話をさせて情報を伝える）
②　英会話セリフ（二人が単純に会話を交わす）
③　説明セリフ（状況や背景などを分からせる）
④　感情セリフ（人物の感情をこもらせる）
⑤　情緒セリフ（場面ならではの雰囲気を醸し出す）

例えば①の「聞いたか坊主セリフ」なんていうのは、歌舞伎をご覧になる方は、『娘道成寺』の幕開きで、坊主たちが「聞いたか、聞いたか〜」と言いながら、それまでの筋の説明をするのをご存じでしょう。あれのことです。

この中の③までのセリフだとつまらない脚本で、できるだけ④の人物の感情が発露されたり、シーンに色をつける⑤のセリフが書けてこそ、脚本としてのクオリティが高くなるわけです。

「バカガオっていって、夏に咲いたりする」

時代劇はなおさら、その時代であったり人物なりのセリフが決め手になるわけです。前章で紹介した落語の「火焔太鼓」の古道具屋の主人公のセリフ、

「亭主をなんだと思ってやンでえ。てめえばかりが女じゃァねえやい」

なんていうセリフはまさに感情セリフの見本でしょう。

この「火焔太鼓」は志ん生師匠の再録からご紹介しましたが、演じる人で表現も多少違ったりします。それも落語のおもしろさです。例えば志ん生版では、主が太鼓をおもしろがって叩く小僧をバカにするセリフは、

「あの眼をごらんなさい、馬鹿な眼でしょ、あれァ……ばかめ（若布）といいまして、あれ、お汁の実にしかならない」

夏に咲く……
バカガオ……
ドン
ドン
ドン
ドン

これが志ん生師匠の息子の（私は生涯で一番好きな落語家さん）志ん朝師匠は、「顔をごらんなさい、馬鹿な顔してるでしょ。あれはバカガオといってね、夏んなると咲いたりなんかすンですよ」と変えています。どちらも素晴らしい。これぞ江戸の空気をリアルに感じさせる情緒セリフなわけです。

もう少し、感情が爆発する江戸の人物たちのセリフを拾ってみます。

「西瓜野郎ってんだ、さあ斬りやがれ！」

隅田川の花火大会が始まって、見物客でごった返す両国橋、束ねた竹を担いで帰宅しようとするたが職人と、供をつれた騎馬の侍との間にトラブルが発生するご存じ「たがや」。

たがは桶を留める竹のことですが、それが撥ねて威張っている侍の被っていた笠を弾き飛ばした。たが屋は平謝りしますが、怒った侍が無礼打ちしようとする。ついにたが屋の堪忍袋の緒が切れる。たが屋と侍のやりとり。

「なんだ。この丸太ん棒」

「丸太ん棒とはなんだ」

「そうじゃねえか。血も涙もねえ、目も鼻も口もねえやつだから丸太ん棒てんだ」

「無礼なことを申すな。手は見せんぞ」

「見せねえ手ならしまっとけ。そんな手はこわかあねえや」

「大小が目にはいらんか」

「そんな刀が目にへえるぐれえなら、とっくのむかし手づまつかいになってらあ」

「ええい、二本さしているのがわからんかと申すのだ」

「わかってらい。二本ざしがこわくてって、でんがくが食えるかよ。気のきいたうなぎをみろい、四本も五本もさしてらあ、そんなうなぎをうぬらあ食ったことあるめえ……おれもひさしく食わねえが……斬るってんなら、どっからでもいせいよくやってくれ。斬って赤くなけりゃあ銭はもらわねえ西瓜野郎ってんだ。さあ斬りゃあがれ」

「てづま使い」は「手妻遣い」と書き、手品師のこと、「でんがく」は「田楽」で豆腐を串でさして焼いた食べ物。鰻は四本も五本も串をさしますが、啖呵の中でも「おれもひさしく食わねえが」がおかしい。

「水神さまだってけつまくるよ！」

こうした落語の中で継がれている江戸っ子の江戸弁というのに大いに憧れます。私も「たがや」並の啖呵を書いてみたいと思い挑戦しました。『しぐれ茶漬〜武士の料理帖』の「みそ田楽」です。

両国の川開きの花火見物客相手にうろうろ舟で、まがい物のみそ田楽を売っている斧次に、芸者の市丸がいちゃもんをつける。

「食ってごらん。田楽なんてもんじゃない。でんぐり返るほどのしろもんさ」

「ねえさんよ。俺がきっちり焼いた田楽に文句つけるやつは一人もいねえよ」

と斧次は、肩から背中に彫った唐獅子の刺青《ほりもの》を見せてすごむ。

「ここにいるよ。その汚い肩にへばりついているのは、化け猫かい？　三味線にあつらえようにも、臭くって穴だらけで、まずいまずいとしか鳴らないだろうよ！」

言葉をなくした斧次に市丸はたたみかける。

「いいかい、田楽もどき野郎！　田楽っていえるのはあんたの四角い面《つら》だけだ。その田楽面の両脇にくっついているもんに、ちゃんと穴があいているなら、かっぽじってよく聞きな！　この隅田川は、あたしら江戸っ子が産湯に使い、今夜の花火も鏡にあつらえて映してくれるありがたい川なんだ。その川の流れに、でたらめな食いもんなんぞを持ち込まないでおくれ！　水神さまだってけつまくるよ！」

きっぷのいい江戸の芸者の啖呵になっておりますでしょうか？

「どこの家だァい？　おまんまが焦げてます」

そうした言い回しも重要なのですが、忘れてはいけないのは、〝セリフは登場人物が語る〟ということです。まずそのセリフを語る人物の性格であったり、生い立ちをしっかりとイメージします。

例えば、古今亭志ん朝師匠の「搗屋幸兵衛」（『志ん朝の落語1』ちくま文庫）の幸兵衛さん。小言ばっかり言っている長屋の大家の幸兵衛さんは、朝起きると長屋を一廻りして小言を言わないと目が覚めない。

「留公！　またいつまでも顔洗ってやァってッ、本当《ん と》にしょうがねえなァ。お前一人の井戸端じゃアないんだよ。他の人《しと》も使うんだから。どォも、しょうがないねん。いつまで顔洗ったって、お前なんぞ同《おんな》じなんだよォ（略）いい加減にしなさいよッ。あまり擦《こす》ってるってェと、終《しめ》えには芯が出てくるぞォ。（略）……（臭いを嗅ぎ）どこの家《うち》だァい？　おまんまが焦げてますよ。お君《きみ》さんとこかい？　そうです？　そうですって言ってないでなんとかしたらどうだい、ええ？　洗濯をしていて、今手が離されません？（苦り切って）それがいけないんだよッ。なんでも一緒にやろうとするんだから。（略）なんでも一緒にはできないんだよ。あくびをしながら物を噛もうったって無理なんだ……」

この調子で長屋廻りの小言を延々と連ねながら、自分の家に戻っても女房相手に続きます。

「長屋の者《もん》に小言言って帰ってくるってェとくたびれちまうよ。喉渇いちゃったァ。お茶いれとくれ、お茶を。うん。あーあもう、本当にねえ、（と話し始めたが老妻が動こうとしないので）お茶。……お茶をいれておくれってェの。なぜ人《しと》の顔をじいっと見てんだよ。（略）なにかやるってェと遅いんだよ。嫌々やると遅くなるよっ、物事ってェのァ。ねえ？　テキパキとね、気持ちよくやってくれ。（略）ああ、本当に長屋のやつはさあ、（キセルを吸う）いくら小言を言ったってねえ、もう、わかってくんねんだから、もう本当にね、も、いらいらしてくるねえ。もう、本当にもーぅ、……（キセルを持ったまま背を屈め、首を傾けて光にかざすように畳を点検し）なんだ、これ？

……おばあさァん、猫の足跡、猫の足跡ッ。だめだよ、ちゃんと拭いとかなくちゃア。（不機嫌に）あたし飼うの嫌《や》だってのを、おばあさん、どうしても飼うってェから飼ってんだろ？　猫は外《おもて》から帰ってきたら、ちゃんと足の裏拭いてやんなさいって、あれほど言ってるじゃアないかァ……」

文庫本の数ページに渡って繰り出される小言の数々は、もう、ディテールと人物の性格から導かれる、活きた、あの時代のセリフのオンパレード。

文字だけだと若干読みづらいかもしれません。まずは志ん朝師匠のＣＤをじっくりと聴いて（今の時代はユーチューブでも聴けますので）、もう一度文字で辿って、次は声に出して読んでみて下さい。江戸弁のエッセンスが堪能できること請け合いです。

其ノ廿五

時代劇はＳＦです

～新しい時代劇の出現を！

〝なんちゃって時代劇〟の侍は前髪パラリ

最終章ですので、私なりの「時代劇」への思いを語らせて下さい。

民放地上波での時代劇ドラマ枠が消滅して久しく、ＮＨＫだけはなんとか頑張っていろいろとやってくれていますが、先に看板の大河ドラマの作りについてあれこれと悪口を吐いたりしました。これも時代劇を愛するファンのひとりとしての毒と、お許し下さい。映画も年に数本ずつですが、新しい時代劇が公開され、大いに応援したいと思うのですが……。中には、まっとうな時代劇を、という熱い思いを感じさせてくれる作品もあって嬉しくなります。

一方で〝なんちゃって時代劇〟と秘かに名付けている時代劇もぞろぞろ作られており、ジジイの領域に足を踏み入れているオールド時代劇ファンのひとりとして、つい毒を吐きたくなってしまいます。

この〝なんちゃって時代劇〟という映画に共通する要素としては、主人公の侍がイケメンの若手男優で、ほとんどが浪人者なのですが、月代を剃っていない。浪人なのでそれはいいのですが、彼らは何故か前髪を伸ばしたままで、パラリと額に垂らしていたりします。

この前髪が例えば、眠狂四郎の市川雷蔵とか、月影兵庫の近衛十四郎みたいに（いかにも古いと言われそうですが）、モジャとタワシみたいにくっついているなら、浪人者としてさもありなんで違和感ありません。でも前髪パラリは、武士の子の元服前の髪型だったりするし、稚児とかいわゆる男娼の陰間を連想させてしまいます。どうしてあの手の映画の考証とかで、指摘する人がいないのでしょう？

殺陣がしっかりできる俳優を

もうひとつ〝なんちゃって時代劇〟の共通点は、チャンバラ映画に欠かせない殺陣がダンス化していたりする。ワイヤーアクション（俳優さんをワイヤーで吊して宙を飛ばす手法のこと）などは、どんどん使っていいのですが、人を斬る重さが感じられません。

軽いというと確かに、黒澤時代劇以前の大スター看板時代劇の殺陣は、むしろ舞台の延長の段取りチャンバラだったし、テレビドラマの定番時代劇も同じではありました。それはまあ、それとしてお約束でしたので。とはいえ、剣道有段者の試合を見ていると、剣は腰が中心だということが分かります。でも近年のこの手の映画の殺陣は腰高のアクロバットで、かっこよく舞うことが主体となっているように見えるのです。

和歌
事典
伝記
図版
史実
文献
映画

工藤栄一監督に「集団抗争時代劇」といわれる三部作（『十三人の刺客』『大殺陣《だいさつじん》』『十一人の侍』）があって、黒澤時代劇とはまた違ったチャンバラのリアルさがあります。例えば三作目の『十一人の侍』（一九六七年）のクライマックスで、主人公の夏八木勲の侍と、敵側の大友柳太朗の決闘シーンを見て下さい。この二人、特に大友柳太朗の腰の据わり方を見ると、まさにこれぞ「武士の構え」と感動すら覚えます。時代劇のチャンバラはこうでなくっちゃ、と思う次第です。

時代劇は日本が未来に残す文化であることは確かですが、これをいかに伝承するかが困難になりつつあります。殺陣（だけでなく所作や精神性も）ができる俳優の養成はもちろん、京都とかで時代劇を支えてきたスタッフもロートル化していたりして、技術の保護と継承が待ったなしとなっています。こうした運動を地道ながらされている方もいらっしゃいます。

ひとつご紹介すると、映画『二宮金次郎』で、金次郎を支える小田原藩主大久保忠真公役の榎木孝明さんは、製作でも参加して下さったのですが、自らで「時代文化みらい機構」という一般社団法人を立ち上げていらっしゃいます。さまざまな活動の中で、掲げているひとつが「時代劇再生運動」です。ぜひホームページをご覧下さい。

ともあれ、〝なんちゃって時代劇〟ではない、しっかりと大人の鑑賞に堪える文化としての時代劇を、小説、映像、コミックなんでもいいので、世に送りたいと思います。

なぜ「時代劇はＳＦ」なのか？

そこで「時代劇」なのですが、私がシナリオ・センターで、受講生の皆さんにお話するのは、「時代劇はＳＦです」と。すると、皆さんの顔には「?」が浮かびます。

近年なぜか脚本家（というか創作者）志望者が増えていて、希望が抱けるのですが、彼らが書きたがるジャンルが〝ファンタジー〟です。ファンタジーとＳＦ（サイエンス・フィクション）は似ているようで違います。ＳＦの場合は「サイエンス」つまり科学的な要素なりがある物語。これに対してファンタジーは「空想」「幻想」といった日本語を当てられるように、科学的な根拠はなく、現実ではない世界の設定による物語でしょうか。

例えばタイムマシンで過去や未来に行って、という話だとジャンルとしてはＳＦになります。ですが、ドラえもんの空飛ぶじゅうたん型のタイムマシンで、のび太たちが恐竜時代に行くという話だと、ＳＦでありつつも、ファンタジーに限りなく近づくわけです。ファンタジーも実は欠かせないのがリアリティです。それがあり得ると思わせてくれないと成立しない。ＳＦの場合はさらに何らかの科学的な根拠を（ある程度でも）踏まえていないとフィクションになりません。

時代劇も同じです。一応の歴史的な知識とか裏付けが必要で、知らないままでたらめを書いたら必ず指摘されます。ゆえに「時代劇はＳＦ」なのです。

幕末タイムスリップは超ありきたり

SFで時代劇というと、タイムトラベル、タイムスリップものが思い浮かびます。例えば、現代人が幕末動乱期にタイムスリップして、坂本龍馬とか新選組に出会って、龍馬を暗殺から救おうとしたり、池田屋事件に巻き込まれて……。このアイデアは超がつくくらいのありきたりでしょう。これがダメといっている訳ではありません。

例えばドラマ化で高視聴率を得た村上もとか原作『JIN‐仁』(ジャンプコミックス・ドラマ化/脚本・森下佳子)は、まさに現代の脳外科医が幕末にタイムスリップしてしまうという話でした。主人公の医師の南方《みなかた》仁は幕末に赴き、坂本龍馬と親友になるし、緒方洪庵、勝海舟、佐久間象山といった当時の有名人と接触します。

アイデア的にはありがちかもしれないが、どうしてあの原作もドラマもおもしろかったのか? キャラクターや物語の作りの綿密さももちろん要因のひとつでしたが、やはり時代劇としてのリアリティをしっかり踏まえていたことも無視できません。時代的考証はもちろん、医学に関してのディテールも緻密に検証された上で、人物の物語、ドラマが描かれていた。

『JIN‐仁』はタイムトラベルもののSF時代劇でしたが、サイエンス要素うんぬんは少しでも、時代劇を描く場合のヒントになります。物語を成立させるための考証をした上で、どうフィクションを加えられるかが勝負なのです。

元ネタは『アパートの鍵貸します』

新しい時代劇とするためには、簡単にいうと「史実（考証）に乗っかってフィクション（嘘）を作る」、つまり「史実＋架空」です。

脚本を手がけた時代劇映画『武士の家計簿』が思わぬヒットとなり、第二弾として『武士の献立』が企画として立ち上がり製作されましたが、この二作を例とします。

述べたように『武士の家計簿』の原作は、歴史学者磯田道史さんが、古本屋で発掘した加賀藩士猪山家の三代に渡る入払帳（家計簿）を読み解き、当時の下級藩士の日常生活ぶりをイキイキと甦らせた画期的な歴史書でした。原作とはいえ小説ではありませんので、脚本開発チームで何度もミーティングを重ねて、ストーリーを練り上げていき脚本化しました。

堺雅人さん扮する主人公の猪山直之を〝算盤侍〟

©「武士の家計簿」製作委員会

と称し、「数が合わないことが我慢できない算盤バカ」というキャラクターに設定、その一途ゆえに騒動に巻き込まれ、意に反して出世していく。

脚本化する過程で金沢に取材に行き、加賀藩の算用者（会計担当）の仕事ぶりを調べました。直之ら算用者の見習いたちが、仕事場に早くに来て墨を磨ったり、お茶を入れている場面がありますが、これは資料に記されていたことです。そうしたディテールは取り入れつつ、当時の算用方の侍たちがどのように仕事をしていたのか、という資料は見つかりませんでした。こうしたところにフィクションが入れられます。

見習いたちが準備する場面に続いて、裃の算用者の侍たちが次々と出仕し、机にずらりと並んで一斉に算盤を弾き始めます。こんな侍たちの姿は、今までどこでも描かれていないはず。実はこの場面のそもそものイメージは、ビリー・ワイルダー監督の傑作『アパートの鍵貸します』の冒頭の保険会社のシーンでした。森田芳光監督にはそのことは伝えていませんでしたが、それはあうんの呼吸で、見事に息を呑む場面として映像化されていました。

算盤侍も包丁侍もいなかった？

さて『武士の献立』ですが、前作が「算盤侍」ならば、第二弾は「包丁侍」で行こうと。ちなみに「算盤侍」も「包丁侍」も、当時そうした呼び名があったかは不明です。

料理を専門に作る人を「包丁師」と称したとか、武士ならば「賄方《まかないかた》」という記述は専門書など

©「武士の献立」製作委員会

に書かれていました。お城のお殿様や大奥の方々に、日夜の料理を作っていた職制としてのお侍がいたことは事実で、彼らを正式にどう呼んでいたのかは書かれていません。ならば、「包丁侍」という名称はなかったとはいえない。

算盤侍たちが並んで算盤を弾いている資料はありませんでしたが、裃の侍たちが大きな台所で、巨大な俎《まないた》に向かって料理を作っている絵は発見しました。まさに、それを実写化した映像から物語は始まりますが、こんなお城の台所と働く武士たちの姿も、これまで見た記憶はありません。

ＳＦ映画の一番の見せ場、見所は何でしょう？　私たち誰もが見たことない宇宙空間や未来都市の姿は、間違いなくＳＦの見せ場のひとつです。時代劇も同じ。戦国時代の合戦であったり、当時の生活であったり。それも「こんなことあったかもしれない」と思わせる、どんな「上手な嘘」をつけるかが、書き手として最も燃える部分です。『武士の献立』も加賀に実在し、多くの料理書（当時の献立）を残した舟木伝内とその息子安信を登場人物にしています。原作はなく、加賀騒動といった当時起きた事件も織り込んでいますが、まったくのオリジナルです。

徳川家康は影武者である

時代ものは、通説とされている史実をひっくり返すようなフィクション性が加えられると、「既知性」（親しみのある逸話や人物）＋「驚異的新味」（えっ、こんなことがあり得るんだ！）となって、これは最高の売りになります。つまり、歴史的にはよく知っている人物や出来事、事件を持ってきた上で、でも今までになかった解釈や見方を示してくれるといった時代ものです。むろん、簡単ではありません。充分な歴史的知識（綿密な資料調べ、取材など）を得た上での、バツグンの発想力が必要となるからです。

こうした融合型での成功例をひとつあげると、隆慶一郎の『影武者徳川家康』（新潮文庫）でしょうか。私が生涯のベスト時代（歴史）小説をあげるとすると、間違いなく上位に入れます。

徳川家康は、実は関ヶ原の戦いの際に暗殺されていたが、以後の体制維持のために影武者が家康になりすまし、徳川政権を築いてしまう。そんな壮大なホラ話ですが、小説を読むと「本当にそうだったかもしれない」と思わせるリアリティがあり、おもしろさに満ちています。

隆慶一郎は、コミックなどで大人気となった『花の慶次』の原作『一夢庵風流記』（集英社文庫）

の作者としても知られています。もともとは本名の池田一朗で、映画の全盛期やテレビ興隆期のドラマを書いた脚本家でした。隆慶一郎の筆名で時代小説を書き始めたのは六十歳からで、六十六歳で亡くなるまでのわずかな間に、後世に残る傑作時代小説の数々を残しました。

杉浦日向子さんの遺言

もうおひとり、私が勝手に心の師と仰いでいた杉浦日向子さんの提言で、締めくくりとします。

杉浦さんは、二〇〇五年に惜しくも四十八歳という若さで亡くなられましたが、漫画家にして江戸文化を縦横に語るエッセイストとしても活躍されました。ＮＨＫの『お江戸でござる』の優しい語り口を思い出される方もいらっしゃるでしょう。未だに時折、杉浦さんの傑作漫画『百物語』（新潮文庫）や『百日紅《さるすべり》』（ちくま文庫）を開き、江戸についてのエッセイを読み返しています。

その一冊『大江戸観光』（ちくま文庫）に、杉浦さんがテレビの時代劇について意見されたエッセイが載っています。書かれたのは１９８４年なのでかなり昔なのですが、そのまま今に通じます。

「おもしろい時代劇を見たいなあと思います。」の書き出しで始まる「ガンバレ時代劇」では、時代劇がパターン化して、どれも同じで元気がなくなってしまったように思う。このままでは、「『尻すぼみ』はバンカイできやせんぜと、ここで断言します。」と警告しています。

さらに、「今、時代劇は四つのパターンで分けられます。水戸黄門や金さんの『権威』型、必殺ものの『制裁』型、剣豪や忍者の『スペシャリスト』型、同心や岡っ引の『捕物』型です。（略）

しかも、その四パターンのいずれもが『斬ったはった』が必ずあり、最後の五分ないし十分が『見せ場』となる『オキマリ』ものなのです。」と。

望む！ 本格オモシロ時代劇

それどころか、杉浦さんの「新風を出してほしいと願うのです。」という思いは届かず、断言通りにその後、民放地上波の時代劇枠は消滅、これら四パターンの時代劇さえもめったに作られなくなってしまいました。

同書の「本格オモシロ時代劇が見たい」では、視聴者におもねる変格時代劇ばかりで、本格としての時代劇がなくなっている、と嘆いています（これも昨今の大河ドラマにそのまま当てはまりそう）。その原因は〝フィクションの解釈をマチガッテいる〟からだと。その上で杉浦さんは、「フィクション本格オモシロ時代劇」についてこう定義します。

「正しいフィクションの体現が『フィクション本格』なのであります。『フィクション・虚構は、リアリティ・実在性により成立する』（デカイ文字で出したいトコロ）『リアリティなくしてフィクションは成立しない』と言い切ってしまいます。」

さらにSFについても、「SFも、当初からフィクションである点において、時代劇と対等です。」と述べ、宇宙空間をリアルに見せるための特撮が、時代劇においての考証に相当する。考証をいい加減にした時代劇は、テグスで吊ったプラモの宇宙船を見せるのと同じだと述べています。

というように、「時代劇はSFである」という私の主張は、実は杉浦さんの説と同じです。

ともあれ、新しいきちんとした時代劇を復活させるために、書き手だけでない創り手、さらには読み手、観客、視聴者の皆さんも、最低限の考証（時代劇としての基礎知識）を学んでほしいと思うのです。

ちなみに、杉浦さんは「時代考証」とは、脚本家やスタッフに文句をつけるためではなく、〝常に新しい発見、未知の世界を知って行く強い好奇心〟のためにあると主張しています。これは時代劇に限らないのですが、パターンの踏襲だけでは時代劇はどんどん読者、観客、視聴者から見放され、「尻すぼみ」はバンカイできないでしょう。

杉浦さんの言うように、「時代劇は、もっともっと面白くなります。あきれるほど未開拓の分野です」。

皆さんもどうか、未開拓の世界の開拓者になってほしい。おあとがよろしいようで。

あとがき

私が勝手に心の師と思っている故人が三人います。黒澤明監督と、中島らもさん、そして最終章で引用させていただいた杉浦日向子さん。

今回取り上げなかったのですが、杉浦日向子さんの著書に『江戸アルキ帖』（新潮文庫）があります。週刊誌に連載されていたコラムで、杉浦さんご自身のイラストと短い文章の見開きでワンセット。

第一回は、「文政十一年七月二十八日〈晴れ〉日本橋」とあって、船に乗った二人の船頭の背中と、岸側のはしけの階段で煙草を吹かしている男たちの絵に、〃免許を取り直した。初日なので日本橋にした。〃という文章。この日記スタイルで百二十八点、杉浦さんが毎週江戸にタイムスリップ（の免許を取った上で）、そこで観た光景をレポートする。

『江戸アルキ帖』のどこを捲っても、どこを読んでも「本当に行ってきた」としか思えない。杉浦師匠は亡くなったのではなく、東京が嫌になって江戸に帰ってしまったのだ、と信じる人がいて、実は私もそのひとりだったりします。

その境地にはほど遠くて、まだぐずぐずと中途半端に生きています。でも三人の心の師匠だけでなく、尊敬する多くの方々が紡いだ時代劇、歴史への思いを継いで、残されている文化を少しでも次の世代に人たちに繋げたい。

月刊「シナリオ教室」連載時には前田光枝編集長に、本書編集では岡﨑智恵子さん、春陽堂書店の永安浩美さん、楽しいイラストを添えて下さった石田尊司さん、ユニークなカバーデザインの羽山惠さんに深く感謝します。

そして読者の皆様には、この本を手に取っていただき、時代劇に親しんでいただければマゲモン作家の端くれとして嬉しい限りです。

二〇一九年　七月

柏田　道夫

文中、今日の人権感覚に照らして差別的表現ととられかねない箇所がありますが、筆者にそれを助長する意図はありません。

見たい、聞きたい、読みたい江戸モノ作品（文中登場順）

★参考文献と重複するものは省略しました。
★一部サブタイトル、シリーズ名を省略しました。

映画・ドラマ（DVD・専門チャンネルなど）

『たそがれ清兵衛』
『大江戸捜査網』
『八丁堀の七人』
『鬼平犯科帳』
『遠山の金さん』
『銭形平次』
『はやぶさ新八御用帳』
『陰陽師』
『刀剣乱舞』
『忠臣蔵外伝　四谷怪談』
『さくらん』
『吉原炎上』
『幕末太陽傳』
『木枯らし紋次郎』
『逃亡者おりん』
『素浪人　月影兵庫』
『素浪人　花山大吉』
『用心棒』
『座頭市』
『三匹が斬る！』
『必殺仕事人』
『十一人の侍』
『十三人の剣客』
『大殺陣』
『ＪＩＮ-仁』
『武士の家計簿』
『武士の献立』
『七人の侍』
『隠し砦の三悪人』
『乱』
『影武者』
『二宮金次郎』

落語（CD・DVD）

時そば／芝浜／八五郎出世／たらちね
幾代餅／佐々木政談／鹿政談／夢金
居残り佐平次／品川心中
お見立て／三枚起請
目黒のさんま／火焔太鼓／抜け雀
大山詣り／たがや／搗屋幸兵衛

古典・事典（図書館でも閲覧可能）

『江戸名所図会』（ちくま学芸文庫）
『耳嚢』（岩波文庫）
『名所江戸百景』歌川広重
『天保水滸伝』
『伊勢物語』
『旅行用心集』
『東海道五十三次』歌川広重
『南総里見八犬伝』滝沢馬琴
『羇旅漫録』滝沢馬琴

時代小説・コミック（入手しやすい文庫／他社もあり）

『半七捕物帳』岡本綺堂（光文社時代小説文庫）
『しぐれ茶漬　武士の料理帖』柏田道夫（光文社時代小説文庫）
『人形佐七捕物帳』横溝正史（光文社時代小説文庫）
『武士の家計簿』磯田道史（新潮新書）
『面影橋まで』柏田道夫（光文社時代小説文庫）
『猫でござる（一）～（三）』柏田道夫（双葉文庫）
『おれは一万石』千野隆司（双葉文庫）
『用心棒日月抄』藤沢周平（新潮文庫）
『矢立屋新平太版木帳』柏田道夫（徳間文庫）
『つむじ風お駒事件帖』柏田道夫（徳間時代小説文庫）
『霊験お初捕物控』宮部みゆき（講談社文庫）
『耳袋秘帖』風野真知雄（文春文庫）
『神谷玄次郎捕物控』藤沢周平（文春文庫）
『ぼんくら』宮部みゆき（講談社文庫）
『銭形平次捕物控』野村胡堂（光文社文庫）
『伝七捕物帳』陣出達朗（光文社時代小説文庫）
『岡っ引どぶ　柴錬捕物帖』柴田錬三郎（講談社文庫）
『佐武と市捕物控』石ノ森章太郎（ちくま文庫）
『読んで、「半七」！』北村薫・宮部みゆき（ちくま文庫）
『宮本武蔵』吉川英治（新潮文庫）
『柳生武芸帳』五味康祐（文春文庫）
『柳生忍法帖』山田風太郎（角川文庫）
『吉原御免状』隆慶一郎（新潮文庫）
『吉原手引草』松井今朝子（幻冬舎文庫）
『春駒日記　吉原花魁の日々』森光子（朝日文庫）
『木枯らし紋次郎』笹沢左保（光文社文庫）
『超高速！参勤交代』土橋章宏（講談社文庫）
『最後の将軍　徳川慶喜』司馬遼太郎（文春文庫）
『剣客商売』池波正太郎（新潮文庫）
『隠し剣孤影抄』藤沢周平（文春文庫）
『影武者徳川家康』隆慶一郎（新潮文庫）
『一夢庵風流記』隆慶一郎（集英社文庫）
『百物語』杉浦日向子（新潮文庫）
『百日紅』杉浦日向子（ちくま文庫）
『大江戸観光』杉浦日向子（ちくま文庫）
『江戸アルキ帖』杉浦日向子（新潮文庫）

参考文献

★一部サブタイトルを省略しました。

『大江戸まるわかり事典』大石学編（時事通信社）
『目からウロコの江戸時代』武田櫂太郎（ＰＨＰ研究所）
『大江戸　時の鐘　音歩記』吉村弘（春秋社）
『江戸年中行事図聚』三谷一馬（中公文庫）
『江戸吉原図聚』〃　〃
『江戸庶民風俗図絵』〃　〃
『江戸職人図聚』〃　〃
『彩色江戸物売図絵』〃　〃
『図説・浮世絵に見る江戸ッ子の一生』藤原千恵子編（河出書房新社）
『図説・浮世絵に見る江戸の一日』〃　〃
『図説・浮世絵に見る江戸の歳時記』〃　〃
『図説・浮世絵に見る江戸吉原』〃　〃
『彩色大江戸事典』エディキューブ編（双葉社）
『目で見る日本風俗誌③捕物の世界（一）』今戸栄一編（日本放送出版協会）
『目で見る日本風俗誌③捕物の世界（二）』〃　〃
『新版江戸八百八町』川崎房五郎（光風社出版）
『新版江戸風物詩』〃　〃
『剣豪　その流派と名刀』牧秀彦（光文社新書）
『剣豪全史』〃　〃
『江戸時代に生きたなら』中江克己（廣済堂出版）
『江戸の花嫁』森下みさ子（中公新書）
『岡本綺堂　江戸に就ての話』岸井良衞編（青蛙房）
『江戸雑稿』岸井良衞（毎日新聞社）
『江戸街談』〃　〃
『江戸の諸職風俗誌』佐瀬恒・矢部三千法編著（展望社）
『江戸庶民街芸風俗誌』宮尾しげを・木村仙秀　〃
『江戸文化誌』西山松之助（岩波セミナーブックス23）
『江戸名所図会を読む』川田壽（東京堂出版）
『続・江戸名所図会を読む』〃　〃
『『熈代勝覧』の日本橋』小澤弘・小林忠（小学館）
『大江戸長屋ばなし』興津要（ＰＨＰ文庫）
『大江戸八百八町知れば知るほど』石川英輔（実業之日本社）
『日本の街道もの知り事典』監修・児玉幸多（主婦と生活社）
『日本の街道事典』監修・稲垣史生（三省堂）
『江戸の宿　三都・街道宿泊事情』深井甚三（平凡社新書）
『江戸ッ子は何を食べていたか』大久保洋子（青春出版社）
『古典落語（上）』興津要編（講談社学術文庫）
『古典落語　志ん生集』飯島友治編（ちくま文庫）
『志ん朝の落語1男と女』京須偕充編　〃
『近世武士生活史入門事典』武士生活研究会編（柏書房）
『江戸幕府役職集成』笹間良彦（雄山閣）

●著者略歴

柏田道夫（かしわだ・みちお）

1953年東京都生まれ。青山学院大学文学部日本文学科卒。脚本家、小説家、劇作家、シナリオ・センター講師。'95年、第2回歴史群像大賞、第34回オール讀物推理小説新人賞を受賞。映画の脚本に『GOTH』『武士の家計簿』『武士の献立』『二宮金次郎』など、ドラマ脚本に『大江戸事件帖 美味でそうろう』などがある。時代小説に『つむじ風お駒事件帖』『矢立屋新平太版木帳』『猫でござる（一）～（三）』『面影橋まで』など。また、『シナリオの書き方』『小説・シナリオ二刀流奥義』など後進の育成に尽力している。

時代劇でござる

マゲモン作家ニヨル江戸ノ手引書

2019年7月15日　初版第1刷　発行

著　者　柏田 道夫

発行者　伊藤 良則

発行所　株式会社 春陽堂書店

〒104-0061

東京都中央区銀座3丁目10-9　KEC銀座ビル

電話　03(6264)0855(代表)

印刷・製本/株式会社クリード

乱丁・乱本はお取替えいたします。

ISBN978-4-394-90355-0 C0095